親子手機5大問題Q&A

如何訂定
手機使用規則

教育Design Lab 代表理事
石田勝紀

阿悟（化名）就讀公立國中的國一男生
欸～！
我什麼時候才可以有自己的手機？
爸爸47歲 普通上班族
出現了，又是這個話題
媽媽45歲 超市兼職員工
我們全班只剩我和其他兩個人沒有自己的手機了！
欸
其他人都有自己的手機了嗎？
哼
現在社團都是用L●ne聯絡，其他人常常忘記特別寄電子郵件跟我說。
大家都覺得這樣很麻煩，我也很不好意思欸！
……
唉
好吧……
放下
釣魚雜誌
阿悟。

其實昨天我有跟你媽媽討論這件事，想說是時候讓你有自己的手機了。
親愛的爸爸！
哇～～～
太好了～～～～！
不過！
你可以有自己的手機，但必須遵守四項規則才行。
用力
可以做到嗎？
沒問題！
沒問題！
冷靜！你先把話聽清楚。
汪！汪！
首先，第一項規則，晚上10點後不能使用手機！
最晚到10點！
第二項規則，每天只能玩遊戲1小時！
GAME
每天1小時

第三項規則，不可以和陌生人成爲『網友』！
不認識的人
第四項規則，不可以在通訊軟體或社群網站說其他人的壞話！
NG
如果沒有遵守規則，我就要減少使用手機的時間！
減少是指減多少？
晚上8點後不能使用手機吧。
是不是有點隨便？應該還好吧。
嗯，沒問題，我一定會遵守規則的！
就這樣
兒子有了自己的手機，非常開心。
然而……
10:30 PM
2022
拿到手機的第一天就……
深呼吸
……
聊天中

都10點多了，你還在滑手機！
等一下啦，我現在不回覆會變成「已讀不回」欸！
規定就是規定，要講明天去學校再講！
煩躁
煩躁
再一下下就好！我回覆完這則訊息就好啦！
講話講到一半就斷掉，對方也會不高興吧。
哎唷
我不想要朋友心裡有疙瘩啦！
那你就快點回一回！
厭煩
結果兒子一直聊到快11點才結束
約好了，
不～是～嗎！
對不起啦，我之後一定會注意！
從明天開始，你要好好遵守規則哦！
算了，才第一天，先放過他。

然而後來兒子還是沒有遵守規則
又在滑手機……
有夠煩躁
和朋友連線遊戲中
啊哈哈哈哈
喂！已經10點多了！
你不是答應我們了嗎！現在立刻給我收起來！
吼—你好囉嗦！
可是如果只有我先離開，很掃興欸！
齁~我朋友都聽到你的聲音了！
啊……
真丟臉……
就這樣，兒子一直無法遵守規則。
啊，抱歉，剛才有人來打擾……
我們要從哪裡繼續？
氣死我了！
碰！

後來
PM
2022
拜託！
我補習完都10點了，讓我延長使用時間啦！
到12點就好，拜託。
我朋友要找我商量很重要的事
兒子不斷找理由要求延長使用手機的時間。
我現在要拍講義給我朋友看，會稍微超過時間！
我是在幫助別人，應該沒關係吧!?
我朋友，就是那個和樹啊，
媽媽你也認識他吧！
一搬出朋友的名字，就很難拒絕他……
啊
可是……
啾啾
阿悟！

兒子的作息也明顯變的混亂
掀開
再不起床，你要遲到了！
吼……
已經天亮了？
好睏……
我覺得我根本沒有睡著啊……
你一定整夜都在滑手機吧！
爆發邊緣…
早餐已經做好了，快點起床！
之前都不需要我叫的……
晃晃
搖搖
好。
我起來了，起來了。
5分鐘後
……
喂！
怒
竟然又睡著了！
呼呼……
zzz

吃飯的時候不要看影片！
蛤～這就跟看電視一樣啊？
兒子吃飯時也黏著手機
不要在廁所裡滑手機！
快點出來！
就連上廁所也離不開手機
總而言之，無論何時
無論何地
一回家就滑手機。
泡澡也要滑手機。
防水外殼
一有時間就是手機、手機、手機！
最重要的是……
啊，考卷發回來了？
嗡！……
這是……
驚嚇
驚嚇

兒子的成績一落千丈……！
顫抖……
顫抖……
想也知道……
他最近老是在滑手機，
啊哈哈哈
根本就沒有在讀書啊！
阿悟……
蛤？怎麼了？
這個成績是怎麼回事？
欸，你幹嘛偷看啊！
你一直一直一直在滑手機，
該做的事都沒做好，這樣對嗎？

不用你說，我也知道！
我自己都有注意啊！
你哪裡有注意？
38
31
每次提到手機時，
家裡氣氛就變得很糟
我又不是一整天都在滑手機！
爸爸也
算了！不要管他！
反正那是他自己的人生！
つりbook
釣魚書
爸爸完全事不關己的樣子！
……哼
我原本期待兒子會自己發現這樣不好……
但他實在太過分，我又會忍不住開口
你給我收起來！
切！
碰！
親子關係越來越差……
早知道會變成這樣，不要給他手機還比較好……
心煩
意亂
唉……
我到底該怎麼做才好？
唉～……

推薦序

在給出手機前，家長，你準備好了嗎？

就我的觀察，大部分的父母，大概是在孩子上國中時，會給孩子第一支自行擁有的手機。但根據兒福聯盟二〇一九年的調查，臺灣兒少平均在10.1歲就擁有自己的手機，大約是小學五年級。

五年後的今天，估計有更多的父母，會在孩子更小的年紀，就讓孩子自行持有手機並自由使用，這樣的現況令人憂心。

因為，大多數的父母，在給出手機前，並沒有多加思考該如何規範、管理，以及與孩子溝通手機使用的問題，頂多就是提醒「不要玩太久」而已。在孩子毫無節制地沉溺於網路遊戲、社群媒體，甚至遭受網路詐騙等傷害後，才意識到問題的嚴重性，這個時候再來亡羊補牢，是相當困難的。

我不斷呼籲家長，晚一點再給孩子自行使用的手機，理由有二：

第一、手機及網路內容具有高成癮性，在孩子不夠自律前，父母應該對孩子的上網行為有更多設限。

第二、大多數的網路內容常引發焦慮等負面情緒，大量接觸對大腦會造成傷害；兒少的大腦特別脆弱，需要受到保護。晚一點再給出手機，能減低孩子大腦受到螢幕內容傷害的機會。

然而，無論如何，你終究會給孩子使用手機。在這之前，應該與孩子充分溝通，並且約法三章。我看過不少家長苦無對策，或者使用錯誤的方式規範孩子的手機使用。

常見的錯誤，就是把手機使用的權利，做為孩子課業表現的獎懲物。像是：「如果你成績進步，我就幫你辦一臺手機」，或者，「你看看，你的成績這麼差，從今天開始，沒收手機！」許多這麼做的父母，後來都付出代價了。

關於手機使用或上網行為，重要的是能自律，不夠自律就需要他律。所以，家長應該對孩子使用數位裝置有所規範，並要求孩子上得去也下得來。如果孩子可以遵守約定，才給予孩子更多的網路自由，而最後一步才是手機自由。

然而，孩子通常無法同意父母的規範，不斷爭取更多上網時間，甚至屢次爆發衝突，令家長相當無奈。

在《親子手機5大問題Q&A：如何訂定手機使用規則》一書中，作者就提供家長具體且實用的作法，特別是「石田派規定的七大原則」，每一步驟都是有堅持也有彈性，並考慮到雙方的需求，家長們不妨試著做做看。

數位潮流來勢洶洶，為了保護孩子的大腦與心理健康，家長必須更加費心規範與引導。在給出孩子手機前，問問自己：「我準備好了嗎？」

陳志恆
（諮商心理師、作家、臺灣NLP學會副理事長）

推薦序

面對網路世代，比規範和禁止更重要的是親子對話

我是一名親職講師，也是第一線接觸許多中小學生的現場老師，在這五年內與大量中小學生的互動中，我發現孩子的價值觀、對話方式，專注力和情緒調節都跟我們上一代「有所不同」。面對網路原生代的教養方式，家長和老師都還在學習中，過程常常使我們怒氣滿點，大家辛苦了！常在社群中看到大人說「這一代不如我們上一代」，但說點公道話，沒有誰比較好，我們就只是兩個「不同」的世代。

怎樣的不同？以前的世代，下課後，男生們會去打球、騎腳踏車，女生會去聊天、逛街。但這世代的孩子，一下課就是進入網路社群的世界，快速刷著短影片、進行一場又一場刺激、立即回饋、高聲光效果的手機遊戲。不只是娛樂和放鬆方式

改變，這世代孩子的學習方式也不同，上圖書館找資料這件事逐漸成為歷史，甚至我們以前所說的「估狗大神」，未來的孩子可能漸漸都不用了。

在更加便利、快速、多元的網路世代中，也存在很多問題。曾遇因為學習挫折，整天待在家打遊戲拒學的孩子；也遇過遭受網路霸凌後憂鬱症纏身的孩子；甚至遇過在網路上被誘騙私密影像，最後變成人際關係畏縮、害怕與人互動的孩子。網路對孩子的影響有正向，有負向，到底要怎麼使用網路？網路原生代的孩子要何去何從？家長常常很困擾，我想這就是兩代人最困難的議題之一。

要弭平不同世代間的代溝，我們就需要「對話」，而對話要成功的關鍵，不只是提問和回答而已，而是過程中的「理解」和「共識」。在我到全臺灣各地演講網路議題的親職講座中，很多家長苦於不知道怎麼「禁止」孩子用手機，我都鼓勵家長與其禁止，不如試著跟孩子坐下來好好對話。如果孩子自己都感受不到困擾，我們給孩子的規範無疑是把孩子推得更遠，從大方地用手機，到躲起來偷偷地使用手機而已。

這本書，用對話的方式帶家長們一步步理解引導孩子思考手機規範的議題，包含使用時間、手機遊戲、價值觀、交友和網路霸凌議題，這些常使親師頭疼的網路難題，這本書會慢慢打破我們這一代的觀點，讓我們更理解網路原生代。願更多親師，走進下個世代的心，用對話搭起世代橋梁，改變焦慮的世代！

逸帆老師（不帆心家庭教室創辦人）

我在（西元一九八九年）二十歲時開設補習班，三十四年來都在從事兒童教育相關工作。

當時手機並不普及，流行的是B.B.Call（呼叫器），國高中生幾乎人手一支。之後日本開始流行PHS（個人手持式電話系統）電話，價格低廉，甚至免費就能擁有，因此許多孩子都有PHS電話。

當時與補習班的家長面談時，我不曾聽家長說：「我的孩子一直滑手機或玩電動遊戲」，家長煩惱的是孩子看漫畫或看電視。由此可知，**不論身處哪個時代，家長都會煩惱孩子的學習問題。不過影響孩子學習的事物，則會因時代而改變。**

然而近年科技發展突飛猛進，智慧型手機（以下統一稱爲「手機」）出現、電動遊戲也越來越精緻，人們的生活出現巨大變化。不僅如此，西元二〇二〇年全球遭遇疫情，人們工作、學習與生活的樣貌更是完全超乎過去的想像。老少咸宜的手機、電動遊戲深受大人、孩子喜愛，甚至可以說成了人們的生活必需品。

手機的普及率之高，不言而喻。從「日本約五千萬人擁有電動遊戲機」的數據來看，可以說幾乎家家戶戶都有一支。加上以手機玩電動遊戲的人，其人數更是龐大。這些劇烈的變化，自然會改變孩子們度過閒暇時間的方式。

我從西元二〇一六年起，以母親為對象，在Mama Cafe咖啡館或Zoom舉辦講座，與大家輕鬆討論育兒、學習等問題。我聆聽了近一萬名母親的煩惱，其中**最讓母親感到煩惱的就是「我家孩子都不讀書」，而她們幾乎都覺得與「手機或電動遊戲」有關。**

每次與家長討論時，我都會分享與孩子溝通的具體方法、如何訂定家庭內的手機使用規定，然而這幾年出現此煩惱的家長不減反增。

因此，我決定透過社群網站進行大規模的問卷調查，主題為手機與電動遊戲。

我會在本書中提及問卷調查的結果，而這件事也讓我有意外的發現。

比如說，「雖然現在的孩子經常玩電動遊戲，但其學習能力其實與過去沒有什麼不同」、「問題的本質其實不是手機或電動遊戲，而是家長的觀念」，甚至有「孩子因為使用手機而對學習產生興趣，成績進步不少」的情況。

話雖如此，沉迷於手機或電動遊戲仍然不是一件好事，WHO（世界衛生組織）甚至將遊戲成癮認定為一種新的疾病。然而問題不在於家長或孩子，而是**讓人成癮的機制。**

我與家長討論時，發現了一個共通點：「在家庭中關於手機使用規定的運作機制相當寬鬆，也不明確」。這也難怪，畢竟沒有人學過如何訂定規則、學校也沒有提供具體的指導方法。因此大多數家長只能制定模稜兩可的規則，導致孩子難以依規則行動，最終引發家庭紛爭。

有鑑於此，我希望寫一本有關手機與電動遊戲的書籍，不僅是討論如何規定孩子使用手機與電動遊戲，也想客觀點出手機與電動遊戲的優點。我想針對許多家長的共同煩惱，提供具體而可行的建議。

規定孩子使用手機與電動遊戲，很難只是照本宣科，了解孩子「微妙」的心理與情緒變化更為重要。

希望本書能對大家有所助益。

石田勝紀

目次

1 章

我好像在錯誤的時間點讓孩子擁有自己的手機了，我好後悔！

孩子從早到晚都在滑手機，是不是應該等孩子大一點再讓孩子有自己的手機？

孩子升上國中一年級時，因為孩子上的是私立學校，我買了手機給孩子，方便上下學時聯絡用。沒想到孩子有了自己的手機，就一直在滑手機。我們規定孩子用手機只能用到晚上九點半，但直到最後一刻前，孩子都一直盯著手機。後來，孩子的成績就退步了……我是不是應該等到孩子可以自己控制，再讓孩子擁有自己的手機呢？國中一年級是不是太早了？

井上由子女士
孩子／國中一年級女生

有了自己的手機，就從早到晚都在滑手機

▼大部分的孩子，都是從什麼時候開始擁有自己的手機呢？

▼**國中一年級最多**。大約有近四成孩子在讀小學時有自己的手機，等升上國中，大約有七成孩子有自己的手機。有些地區甚至有八、九成國中生有自己的手機。

▼跟我想的一樣。我家孩子也是從國中一年級開始有自己的手機，會太早嗎？

▼身處現代，不太可能一輩子都沒有手機。升上國中一年級有自己的手機，是很常見的情況。**加上每年到了開學季，各家手機業者、電信業者都會大學推出學生優惠方案**。

▼對啊，我當時也覺得「就是現在了！」可是孩子

孩子擁有手機的時間點

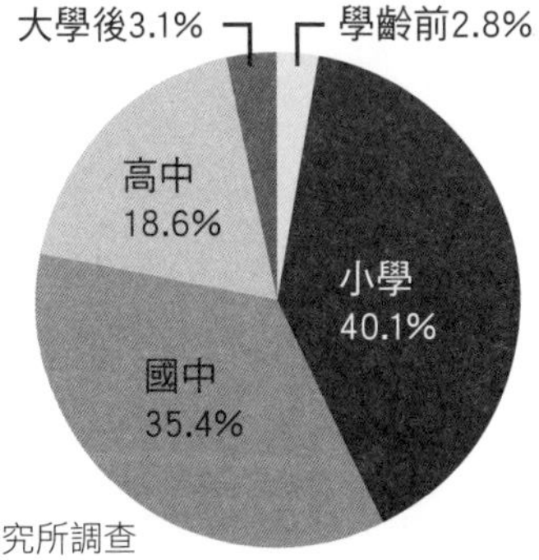

※MMD研究所調查

有了手機，就像脫韁的野馬（笑）**從早到晚，都盯著手機看。**

▼那是當然。滑手機可以看影片、玩遊戲、看偶像的社群媒體，還可以偷偷和朋友聯絡。沒有什麼事比這更開心了，孩子當然一心一意只想滑手機。

▼所以還是太早了嗎？我是不是應該等孩子升上高中，再買手機給孩子呢？

▼不不不，孩子說不定會變成更凶猛的野獸。

▼咦？升上高中後，應該比較能控制自己吧？

▼換成是您，會怎麼想呢？身邊的朋友都有手機，自己卻要等到升上高中才能買——您不覺得自己會更容易沉迷嗎？

▼果然還是國中時期比較適合吧！我知道有孩子小學二年級就有自己的手機。因為那個年紀還很聽話，只要家長說：「收起來」，就會乖乖收起來。我覺得那樣很好、很羨慕，但還是覺得小學二年級太早了。

▼的確，**我完全理解「覺得小學低年級還太早」的想法。**

讓孩子自己決定何時可以擁有自己的手機!?

▼那老師覺得最好什麼時候買手機給孩子呢？

▼**看孩子什麼時候說想要自己的手機吧。**

▼咦？讓孩子自己決定嗎？那樣好嗎？

▼您認為應該由家長決定孩子什麼時候可以擁有自己的手機嗎？

▼當然，我覺得**應該是由家長決定什麼時候可以買手機給孩子。**

▼那您對於什麼時候買？為什麼是那個時候？有明確的想法嗎？

▼就是因為不知道才會問老師呀！

如果您可以說明「基於下列理由，我們家打算等孩子升上國中才買手機給孩子」，我覺得很好，因為每個家庭的情況與價值觀都不同。

我覺得等升上國中，再給孩子手機比較好，但其實沒什麼明確的想法。

就算原本覺得某個時間點比較好，如果因為孩子哭著說：「其他人都有，只有我沒有」而**改變作法也沒有關係**。

這樣不會顯得家長很沒有原則嗎？

畢竟使用手機的是孩子，請站在孩子的立場思考看看。

如果孩子只是因為「其他人都有」就想要，這樣好嗎？

其他人都有、想和朋友交流……這些對孩子來說，是非常重要的理由。您小時候也遇過這樣的情況吧？**如果其他人都有、只有自己沒有，您應該也會覺得很難受吧？**

▼是這樣沒錯！

▼雖然雙方的想法可能不同，但當孩子說想要自己的手機，希望家長可以積極思考買手機給孩子的可能性。畢竟家長總有一天會買手機給孩子，我覺得**在孩子說想要自己的手機時思考這件事，利大於弊**。

▼最近的確有人提倡應該讓孩子早一點使用手機，說這樣才能培養孩子的數位素養。

▼在孩子說想要自己的手機前，家長就先認為「可以讓孩子有自己的手機了……」其實我覺得大可不必。現在的孩子比家長更懂數位科技，不用家長教，孩子自然就會學習相關知識。

▼可是如果只是因為孩子想要，就買手機給孩子，我還是覺得不太好。

▼其實**我不覺得「何時讓孩子擁有自己的手機」這個問題很重要**。

▼真的嗎？

▼**最重要的不是何時擁有，而是如何使用。**

不能為了獎賞而買手機給孩子嗎？

▼您的孩子有考上理想的私立國中，對嗎？

▼對，我家孩子從四年級就開始補習，順利考上讓我鬆一大口氣。

▼相信您全家都很努力，當時是為了獎賞孩子，決定買手機給孩子嗎？

▼算是，不過事實上還是為了方便聯絡（笑），我那時候也有些激動和興奮。
把它當作獎勵是不是錯了呢？

▼買手機給孩子是為了獎賞孩子，我覺得沒關係。**因為考上了、成績進步了、努力達成某個目標了……所以能擁有自己的手機，很好啊。**那您買手機給孩

子時，有制定什麼規則嗎？

▼我們沒有規定一天可以使用幾小時、設定內容過濾功能之類的，但有說最多只能用到晚上九點半。

▼那是怎麼決定的呢？有和孩子一起討論嗎？

▼由我們直接規定。畢竟讀書很重要，手機會引發許多問題，所以我們希望孩子最多只能用到晚上九點半。我們要求孩子答應這個條件，就買手機給孩子。

▼當時孩子怎麼說呢？

▼孩子立刻說：「沒問題！沒問題！」

▼孩子當然會這麼說，因為孩子想要自己的手機。**無論當下家長提出任何條件，孩子都會答應。**

▼原則上孩子有遵守規則，晚上九點半就會放下手機。

▼這樣應該沒有問題呀？

▼可是孩子一直滑手機都不讀書啊，而且成績真的退步了。

▼購買手機前，您有跟孩子討論過——如果孩子變得不想讀書、如果孩子成績退步該怎麼辦嗎？

▼沒有，因為我沒想到孩子會這麼沉迷於手機。

規則不應該太嚴格，而是應該夠詳細

▼其實這不是孩子的問題，而是您的問題。因為孩子有確實遵守規則，但您卻**還是很焦慮**。您覺得自己焦慮的原因是因為孩子都不讀書嗎？還是因為孩子一直滑手機呢？

▼都有，現在是孩子成長的關鍵時期，看到孩子一直滑手機，我真的坐立難安。

▼我剛才有提到，孩子剛開始擁有自己的手機時都會特別沉迷，您的孩子並不是特例。

▼那我只能坐視不管嗎？

▼因此我才會說「如何使用最重要」，**您會這麼煩惱，其實不是因為您在錯誤的時間點買手機給孩子，而是您在讓孩子擁有自己的手機時沒有事先規定。**

▼我有說最多只能用到晚上九點半啊！

▼**只有這樣的規則太鬆散了。**

▼所以我應該制定嚴格的規則嗎？

▼不是嚴格的規則，而是詳細的規則。我們**必須事前設想會發生哪些情況，並**

——規定。

那再加一條規則「每天只能使用兩小時手機」，這樣可以嗎？

您覺得孩子可以接受之前沒有的規則嗎？

就嚴格要求孩子……。

很有可能事與願違。孩子很有可能無法遵守規則，偷偷使用手機。您會因此感到焦慮，但孩子只會反抗。這樣一來，就陷入惡性循環。

那怎麼辦？

如果只是心血來潮，用碎碎念的方式追加規則，孩子絕對無法遵守。我建議您整個砍掉重練，**召開正式的家庭會議，大家一起制定詳細的規則。**

蛤？

▼雖然非常麻煩，但考慮到未來可能衍生的問題，這麼做很有價值。**如果您嫌麻煩，當然可以維持現狀，但我想您就會一直焦慮下去。**

▼您的意思是規定很重要，而且不能隨便規定，對嗎？

▼沒錯，我會在其他章節分享應該如何規定。

我太早買手機給孩子了嗎？

結論

- 到了國中一年級，絕大多數的孩子會擁有自己的手機。
- 當孩子說想要自己的手機，家長就可以思考是否要買手機給孩子。
- 其實不用太拘泥於早晚。
- 最重要的不是何時擁有，而是如何使用。

我原本想說小學讓孩子擁有自己的手機還太早，結果導致孩子與朋友疏遠……

我們住在家長十分重視教育、爭相報考私立國中的地區。孩子的朋友許多都是從四年級開始補習，也因此從四年級開始擁有自己的手機。雖然我家孩子也想要，但我們覺得應該要等孩子升上國中再買手機給孩子。不料到了小學畢業，全班只剩我家孩子沒有手機，所以孩子無法和朋友交換聯絡方式，就這樣升上不同的國中。從此之後，孩子就很少和朋友聯絡。我很後悔，覺得孩子這樣好可憐。

中村美香子女士
孩子／國中一年級男生

手機成癮與何時擁有自己的手機無關

▼當小學生開始補習，許多家長會基於聯絡與安全考量而買手機給孩子。

▼我一直覺得小學就有自己的手機太早了，但孩子身邊的朋友都有。

▼雖然絕大多數的孩子從國中一年級開始擁有自己的手機，但有些地區的孩子的確比較早，**特別是私立國中報考率較高的地區**。

▼我們家附近就是這樣。

▼不過您原本打算**等孩子升上國中再買手機給孩子**，對嗎？

▼沒錯。

▼那堅持原則不是很好嗎？

▼可是孩子小學時的朋友都升上不同的國中……因為孩子讀小學時沒有手機，不知道朋友的聯絡方式，就變得很少和朋友聯絡了。我家孩子後來就讀附近的公立國中，但遲遲沒辦法和同學打成一片。不知道是不是因為這樣，我覺得他一直在滑手機。

▼還是說，**您的孩子原本就是這樣的人呢？**

▼什麼意思？

▼我經常聽家長抱怨：「我家孩子一直滑手機都不讀書」、「我家孩子老是在玩線上遊戲」，然而有些家庭卻沒有因為孩子擁有自己的手機而出現這樣的問題。

▼那不是因為那些孩子比較優秀嗎？

▼我覺得這跟聰明或比較優秀無關，而是**孩子的基因很有可能決定孩子是否容易沉迷於手機。**

▼真的嗎？

▼真的。雖然這個例子不太好，但您可以想像一下酒精成癮的患者。許多人都會喝酒，但不是每個人都會酒精成癮。就算面對相同程度的壓力，像是失去工作或親友，也有許多人不會因此酒精成癮。我想體質與個性還是很重要的原因。手機也是，有些孩子會沉迷、有些孩子不會。

▼也就是說，我家孩子比較容易沉迷於手機嗎？

▼有可能。

▼那不是應該想辦法矯正嗎？

▼**天生的特性無法「矯正」**，這並沒有好壞之分。不過我們可以花一些些功夫，提醒孩子自己有可能是這樣的類型。

▼我懂了。

▼孩子剛開始擁有自己的手機時都會特別沉迷，不沉迷、不會成癮的孩子很少。您大可不必在意「為什麼那些孩子可以自制，我家孩子卻不行？」

▼聽您這麼說，我放心許多。

▼本書的主題就是「買手機給容易沉迷的孩子時，家長應該要注意哪些事情？」您現在遇到的問題是時間點。

▼我是不是太晚讓孩子擁有自己的手機了……我一直很後悔，心想**是不是早一點買手機給孩子，孩子就不會與朋友變得疏遠了**。

要隨波逐流，還是堅持原則？

▼畢竟現在的孩子都是用手機聯絡彼此。雖然小學畢業時全班都有手機算是特例，但如果**讀國中、高中時沒有自己的手機，確實很難和朋友交流**。

▼以前只要打電話到對方家裡就可以了。

▼現在許多人的家裡沒有裝電話，因此如果要聯絡事情，就變成要打給對方的家長。許多孩子非常抗拒這一點。

▼因為現在人手一機，就算家裡有裝電話，可能也很少有人會打。

▼既然**孩子身邊的朋友幾乎都有手機，我覺得不妨考慮買手機給孩子。**

▼所以我還是太晚買手機給孩子了嗎？

▼不過您的想法是「孩子還在讀小學時，不讓孩子擁有自己的手機」。如果您無法退讓，就只能請孩子放棄。因為孩子就是出生在這個家庭，必須遵守這個家庭的規則。

▼這就是為什麼有些人說：「小孩無法選擇父母，就像你永遠不知道下一顆扭蛋到底會是什麼。」

▼因為沒有手機而與朋友疏遠——現在的確有可能發生這種情況。**如果家長明**

白這一點仍堅持原則，那就是這個家庭的觀念，其他人無從置喙。

▼其實我沒有想這麼多……。

▼所以如果您知道孩子會與朋友疏遠，您就會買手機給孩子嗎？

▼我不確定……我也有可能會說：「他是他、我是我，不行就是不行」。

「不行就是不行」會讓親子充滿壓力

▼許多家長會說：「不行就是不行。」

▼總不能讓孩子予取予求吧。

▼您可以向孩子說明為什麼不行嗎？

▼可能不是每件事都可以說明……可是有些事就應該聽家長的，「不行就是不

行」，不是嗎？

▼當然可以，但這樣無法説服孩子吧？

▼的確無法説服孩子。孩子根本不會聽，甚至會和我們吵架。

▼當家長説：「反正就是不行！」等於放棄與孩子溝通。那麼孩子無論是在理性面還是感性面都無法接受，孩子只會覺得滿腹委屈。基本上家長的要求是為了孩子好，孩子也都能理解，但家裡的氣氛就會一直很糟糕。

▼所以我應該問孩子想要怎麼做嗎？

▼**如果您無法退讓，想要堅持「孩子還在讀小學時，不讓孩子擁有自己的手機」，應該要盡可能向孩子說明原因。**如果您無法説明、或者仔細想想覺得好像也不需要那麼堅持，那就算買手機給孩子，應該也無妨？

▼嗯……那樣我又會有「認輸」的感覺，很不甘心（笑）。

▼啊哈哈哈，您當然也可以堅持「不行就是不行」，**只是這樣對親子來說都很辛苦。**

▼站在家長的立場，就算辛苦也要有所堅持。

▼這樣的觀念非常好，不過就要有一定的心理準備。

▼唉……我聽一聽覺得好累。

▼畢竟家長都疼孩子、擔心孩子，所以會忍不住想要限制孩子、不讓孩子擁有自己的手機。我建議您換一個角度思考看看。

▼換一個角度？

▼您可以想一想**家長應該怎麼做、怎麼協助孩子，才能讓孩子享受擁有手機的樂趣，而不會因為手機引發問題。**

我從來沒有想過這個問題。

大家都是有了孩子後，就開始扮演「家長」的角色（笑），覺得家長一定要引導孩子。

是啊，我覺得我一定要好好教孩子、好好引導孩子。

我再重複一次，您可以堅持自己的原則。只是如果要堅持原則，我希望您向孩子好好說明為什麼不買手機給孩子？為什麼現在不讓孩子擁有自己的手機？如果沒有這樣的心理準備，只是說：「不行就是不行」，我嚴肅一點的說，家長沒有負起應負的責任。

所以家長一定要說服孩子，是嗎？

儘管家長覺得孩子需要引導，但孩子並不這麼覺得。現在的孩子不覺得家長是人生中的前輩，而是將家長視為同伴。所以**孩子會認為「為什麼我們是平等的，我卻一定要聽你的？」**

▼但國中生還未成年，還是要有所限制吧？

▼當然，我並不是希望您將國中生視為成人。我想表達的是，**孩子會這麼想**。因為孩子的角度和家長的角度完全不同，所以會引發糾紛。為了彌補這樣的代溝，我才會建議家長確實向孩子說明。雖然這聽起來很像政治人物在演講（笑）。

我太晚買手機給孩子了嗎？

結論

- 是否會沉迷於手機與年齡無關。
- 當孩子身邊的朋友幾乎都有手機，不妨考慮買手機給孩子。
- 如果家長有明確的原則，建議確實向孩子說明。
- 一般而言，現在的孩子不可能一直沒有手機。

總結

何時讓孩子擁有自己的手機沒有正確答案

最近有些家庭會在孩子讀小學一、二年級時，買手機給孩子。這個年紀的孩子很聽話，只要家長要求就會乖乖放下手機。雖然讓人覺得很意外，不過大多沒有什麼問題。我並不是認為，越早讓孩子擁有自己的手機越好，一定有不少家長認為「小學一年級就擁有自己的手機實在太早」。

絕大多數的孩子都是升上國中後擁有自己的手機，無論就年紀來說、或就一般人的印象來說，國中感覺都是一個很好的時間點。而且各家電信業者、手機業者在畢業季、入學季都會大舉推出學生優惠方案，我認為升上國中後擁有自己的手機非常自然。

我認為不太需要煩惱「國中一年級的孩子是否適合擁有自己的手機？」因為煩惱也沒意義。**最重要的不是何時擁有，而是如何使用。**

有些家長會煩惱「孩子一旦有了手機就沉迷於手機，是不是太早買手機給孩子?」然而，無論孩子幾歲擁有手機，會沉迷的孩子就是會沉迷。會沉迷的孩子如果比較晚擁有自己的手機，沉迷的情況可能會更嚴重。因為身邊的朋友都有自己的手機、自己卻需要忍耐，那種反作用力不難想像。

極少數的孩子不需要家長提醒，原本就不會讓手機影響自己的生活。絕大多數的孩子並非如此，因此必須規定如何使用手機。而使用手機的規定，必須要讓孩子可以遵守，這一點非常重要。我將會在第三章詳細說明如何規定。

● 當孩子說想要自己的手機，就可以買手機給孩子

何時讓孩子擁有自己的手機沒有正確答案。每個家庭的原則不同，但許多家庭無法確實說明「為什麼要堅持這樣的原則?」或許只是因為家長希望孩子不要接觸手機、孩子盡可能晚一點擁有自己的手機吧?

然而無論如何，家長總有一天會買手機給孩子。既然如此，我認為當孩子說想要自己的手機，家長就可以思考是否要買手機給孩子。

總結

當孩子說想要自己的手機而買手機給孩子，有非常大的好處——孩子會覺得「自己的感覺受尊重」。當孩子覺得自己受尊重，也會尊重家長。一同討論如何使用手機時，孩子也會比較願意聆聽家長的意見。

如果還是覺得太早，我建議要確實向孩子說明原因。我不確定孩子是否能接受，但至少可以減少親子之間的衝突。如果家長只是說：「不行就是不行！」孩子就會每天嚷嚷：「好想要！」、「為什麼其他人都有，我卻沒有？」讓家長心生厭煩。

如果家長因此而答應買手機給孩子，我覺得也很好。因為那表示家長並沒有明確的理由判斷「孩子現在不應該擁有自己的手機」。

● 孩子身處「不能偷偷打公共電話」的時代

事實上，現在大約有七、八成的國中生擁有自己的手機，有些地區甚至幾乎所有國中生都有。由此可知，**手機對孩子來說是非常重要的社交工具**。當然家長也可以堅持「應該等孩子升上高中，再買手機給孩子」，但孩子可能因為無法和朋友交流而與朋友變得疏遠。

現在的家長這一代，小時候家裡大多都有裝電話。或許有些人曾經因為不想讓家人聽到自己和朋友的對話，而偷偷去打公共電話。手機剛出現時，還是有許多人會打家裡的電話；但等到人手一機，情況就不一樣了。現在幾乎所有人都是用手機聯絡彼此，而且通常不是講電話，而是透過電子郵件或通訊軟體。

現在越來越多人的家裡沒有裝電話，在這樣的時代，如果沒有自己的手機，就只能透過家長的手機與朋友聯絡。不難想像，許多孩子非常抗拒這一點。畢竟青春期的孩子正在發展強烈的自我意識，在這樣的情況下，許多孩子會選擇盡可能不要與朋友聯絡。如果家長有所堅持，就要有相對的心理準備。

專欄 1

越來越多孩子在升上國中時擁有自己的手機，不只是因為「是個好時機」，還有其他令人意外的原因？

日本全國有兩萬名以上的孩子三歲時就擁有自己的手機

日本的孩子越來越早接觸數位媒體，根據二〇一九年的調查，日本有50.2%（注）的三歲孩子曾上網。

由於前一年二〇一八年的調查結果是45.2%，表示一年增加5%。雖然幾乎所有三歲孩子都是使用家長的手機或平板電腦，但也有4.1%的三歲孩子擁有自己的手機。等於日本全國有兩萬名以上的三歲孩子，以自己的手機上網，真的是網路數位世代。

孩子使用網路的比例，隨著年紀增加而提高——86.3%小學生、95.1%國中生、99.1%高中生曾上網（二〇一九年的調查結果），幾乎可以說沒有孩子不曾上網。然而孩子使用的裝置，卻因為年紀而有所不同。

左邊的圖表顯示孩子使用何種裝置上網。小學生使用手機、平板電腦、掌上型遊戲機的比例還算平均，但從圖表可以看出，許多孩子升上國中後擁有自己的手機。當孩子升上高中，就幾乎都是使用手機上網。此時，平板電腦、掌上型遊戲機比較像是輔助工具。

注：所有數據資料皆根據2019年日本內閣府之調查。

沒有手機就無法參加社團!?

此外，家長又是基於什麼原因買手機給孩子呢？根據我為了本書進行的問卷調查，許多家長不是為了讓孩子上網，而是因為孩子的活動範圍擴大才買手機給孩子，方便聯絡。

許多人留言表示：「出門在外時方便聯絡」、「所有朋友都有手機，有自己的手機才能與朋友聯絡」、「這樣才能透過GPS確認孩子的位置」等。

讓我覺得值得思考的是，有些留言表示：「沒有手機，參加社團活動會有困難。」，甚至有人說：「因為社團一定要用Line聯絡，只好買手機。」或許正因為如此，才會有那麼多升上國中的孩子需要手機。

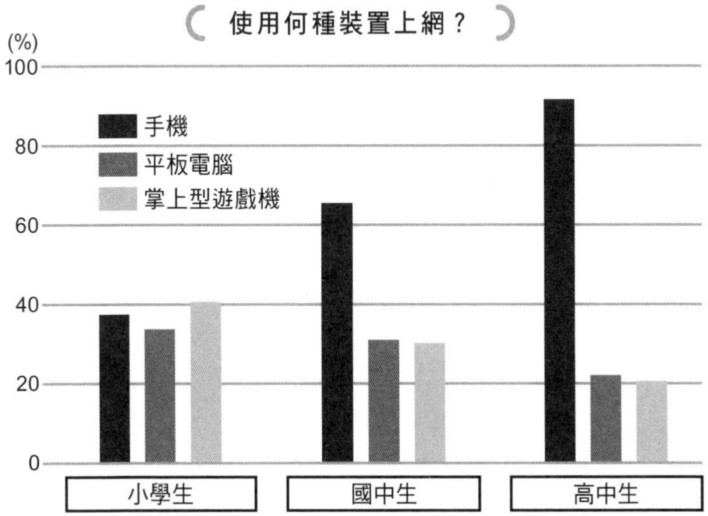

2019年　青少年網路環境實況調查（日本內閣府）　調查對象：5000名10～17歲青少年

2 章

孩子有了自己的手機後，
就變得不喜歡讀書了……

孩子從早到晚都在滑手機，不僅成績退步，就連社團也退出了，我很擔心孩子的未來！

我家孩子在考完國中會考後擁有自己的手機，但從那之後，孩子就花很多時間滑手機都不讀書。原本我們規定平日只能用到晚上十點、週六可以用到晚上十一點，但孩子常常超過時間。不僅如此，孩子開始遲交學校作業。雖然段考前一週，我會暫時保管孩子的手機，但孩子的成績還是吊車尾。因為孩子常常被留校參加晚自習，加上還要補習，孩子就連社團也退出了。我覺得孩子完全失去動力，做什麼事都半途而廢，我不知道孩子將來該怎麼辦！

加藤洋子女士
孩子／國中三年級男生

其實家長從一百年前起就不斷抱怨「孩子不讀書」

▼許多家長會來詢問我的意見，與手機有關的內容幾乎都是「孩子不讀書」、「成績退步」等。

▼對啊！我家孩子也一直滑手機，都不讀書！

▼但我覺得**孩子不讀書，不是因為手機哦**。

▼真的嗎？可是孩子在國中會考時很用功欸！補習班出了很多作業，孩子都能寫完，暑假、寒假也都有參加密集複習班。

▼如果不需要參加國中會考，您覺得孩子會那麼用功嗎？孩子平常就是自動自發很喜歡讀書的人嗎？

▼我不知道……不過孩子在升上三年級前，常常沒有寫完作業就跑出去玩。

▼無論身處哪個時代，家長都會抱怨：「我家孩子不讀書！」或許江戶時代的媽媽也會發牢騷：「我家孩子竟然不去寺子屋（注一），一天到晚在玩面牌（注二）（笑）。」

因為有了手機而不讀書，只是表象。不讀書的孩子即使沒有手機，還是不會讀書；會讀書的孩子就算有了手機，還是會讀書。這是我在補習班教過四千名以上學生的感覺，嗯……能自動自發讀書的孩子大概只占一、兩成，而這與手機完全無關。相信您的孩子一定是主流派（笑）。

▼您這麼說，我一點也不開心（笑）。

科學數據已經證實手機與學習能力無關

▼日本文部科學省每年都會針對小學六年級、國中三年級的學生，進行學習能力暨學習狀況調查。目前的調查形式從二〇〇七年起開始實施。

▼二〇〇七年……那時候智慧型手機還不普遍。

▼沒錯。當時Youtube剛起步，還沒有什麼人知道。其實智慧型手機的始祖——第一代iPhone就是在那一年推出的，「沒有數字按鍵的手機」讓全世界的人都驚呆了。

▼那時候別說智慧型手機了，沒有什麼孩子擁有自己的手機。

▼所以當然也沒有一直滑手機的孩子，那麼當時的孩子比較喜歡讀書嗎？其實沒有。雖然這項調查是由調查對象自己回答，但可以看得出來**包括在補習班的時間，孩子的學習時間並沒有太大的變化**。

▼真的欸，好神奇哦……

▼更有趣的是，**孩子的學習能力也沒有太大的**

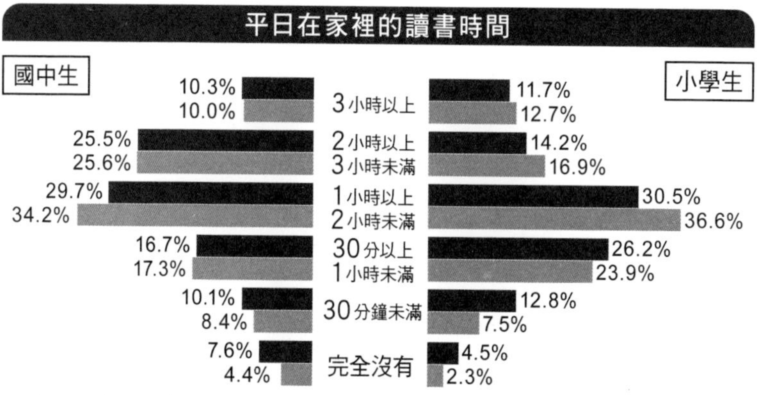

＊日本文部科學省　日本全國學習能力暨學習狀況調查

變化。雖然這項調查結果無法代表全部，但畢竟是日本全國大規模的定點調查，可信度非常高。就統計學來說，學習能力並沒有出現顯著差異。

▼也就是說，手機對孩子的學習能力完全沒有影響。

▼是的，雖然日本全國各地許多家長煩惱：「孩子一直在滑手機，都不讀書」。既然如此，孩子的學習能力應該會明顯下滑，然而事實並非如此。

▼那是怎麼一回事呢？

▼簡單說，孩子不讀書不是因為手機。現在有七、八成的國中生擁有自己的手機，就**某種意義來說，大家是平等的**。所以如果「孩子有了自己的手機，就變得不喜歡讀書」這項推論正確，那麼學習時間減少、成績退步的孩子應該會大幅增加

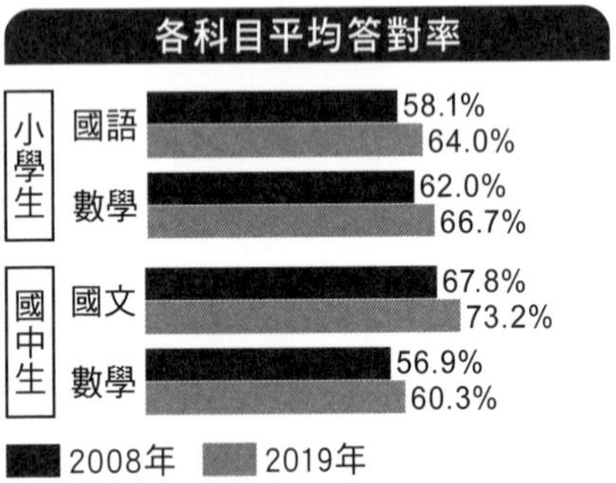

＊日本文部科學省　日本學習能力暨學習狀況調查
＊每年的問題難易度不一，且2008年的問題分為「知識」與「應用」，因此取兩種問題的平均值。
＊十分位後無條件捨去

吧？但目前沒有看到這樣的現象。

那我家孩子為什麼不讀書呢？

因為讀書很無聊啊。如果讀書不有趣，孩子自然不會想讀書；遊戲多有趣啊，孩子當然會想玩遊戲囉！就算現在沒有手機，相信孩子也會選擇和朋友一起到遊樂場打發時間，而不會選擇讀書。

取得好成績的唯一方法

如果問國中生：「你們想提升成績嗎？考試想拿到好成績嗎？」大家一定都會點頭。如果能拿好成績，誰想拿壞成績呢？

那就應該好好讀書啊。我也沒有要求孩子每天花幾小時讀書，我覺得每天只要花三十分鐘積少成多就夠了。

從根本來說，這樣的觀念完全錯誤。

為什麼？

如果只是為了在考試拿到好成績，那考試前認真讀書就好。平常專心上課、完成作業，剩下的時間都拿去玩遊戲也沒關係。但是在段考前七～十天，要全力衝刺才行。

全力衝刺是指？

平日讀書四小時、週末讀書十小時。

不可能啦，我家孩子絕對不可能讀書這麼久。

許多學生都這麼認為，但我經常對他們說：「**一年有五十二週，你只要在每次段考前的那幾個週末全力衝刺，你的人生就會完全改變**。一旦成績進步，你會覺得讀書很有趣，下次考試也會願意繼續努力。不僅如此，你會越來越有自信心、未來的路也越來越開闊。一年你可以鬼混四十幾個週末，只要在段考前那幾個週末全力衝刺，就能擁有美好的未來。你願意試試看嗎？」

成績真的會進步嗎？

真的會。孩子們的成績，幾乎取決於孩子在段考前十天讀書能多專注、多有效率。**平常其實不太重要**，因此如果您希望孩子的成績進步，只要在段考前多注意就可以了。

基本上在段考前一週，我會暫時保管孩子的手機。

那對孩子來說是一種「懲罰」，不會變成讀書的動力喔。孩子有可能就是一直忍耐到段考結束，頂多假裝在讀書而已。

問題在於，家長嘴巴說「這是你的自由」卻不給孩子自由

▼那我怎麼做，才能提升孩子讀書的動力呢？

▼要提升孩子讀書的動力，最重要的就是讓孩子覺得讀書很有趣。比如說，某款遊戲一年只能玩四次或六次，而且和平常玩的遊戲不同，這樣聽起來是不是很有趣呢？北歐甚至為此發明了一個新單字——「gamification」（遊戲化），他結合game（遊戲）和education（教育）兩個單字。

▼我們家做不到啦。

▼是啊，畢竟家長不是老師。就算家長想要教孩子什麼，孩子也不一定願意聽。因此**能否遇到值得信賴的老師或補習班，就顯得很重要。**

▼所以要靠運氣嗎？

▼可以考慮將我分享學習方法的書，放在孩子的桌上（笑）。家長可以做的，

應該是讓孩子看看自己能擁有什麼樣的未來與選項。

▼看看自己能擁有什麼樣的未來？

▼**孩子通常只能看見眼前的事物，無法想像未來**。剛才我提到「人生就會完全改變」，也是相同的道理。大人比較能想像「這麼做，未來應該就會變成這樣」，而家長可以設法引導孩子想像、理解。

▼比如說告訴孩子：「你只要努力完成這件事，就可以擁有這樣的未來。」是嗎？

▼沒錯，不過我希望家長不要忘記「**孩子的人生不是你的人生**」。應該讓孩子自己選擇要不要努力，而不是嘴巴說「如何選擇是你的自由」卻強烈暗示「你應該選擇努力」，這樣只會造成反效果。

▼是的，我確實會這樣暗示孩子呢。

▼不要老是關注孩子的缺點、一直想要糾正孩子，孩子自然會朝好的方向前進。

▼這真的很難，我常常會忍不住對孩子說教。

▼家長難免會擔心孩子。不過保持正向思考會讓家長比較輕鬆，**輕鬆的氣氛也會帶給孩子好的影響**。一般來說，**一定要事前規定如何使用手機**。如果孩子已經養成玩遊戲的習慣，要求孩子在段考前完全不玩遊戲會變得非常困難。有些孩子可以說不玩就不玩，但很少見。

▼所以我們還是可以限制時間，對嗎？

▼是的，我覺得一定要規定。

注一：江戶時代讓孩子學習讀寫文字的地方。

注二：一種以泥土、木材、紙等材料製作的牌子，上面繪有面具，故得此名。

手機與成績之間的關係

結論

- 孩子不讀書是因為讀書很無聊，不是因為手機。
- 與十八年前相比，孩子的學習時間與學習能力沒有太大的變化。
- 即使平時都在鬼混，只要段考前全力衝刺，成績就會進步。
- 家長的負面態度會讓孩子討厭讀書。

總結

就算不讓孩子擁有自己的手機，不讀書的孩子還是不讀書

家長們關於手機的煩惱，大多與孩子的學習有關，像是「孩子不讀書」、「成績退步」等。

每次我都會說：「手機不是真正的原因」。**不讀書的孩子即使沒有手機，還是不會讀書；會讀書的孩子就算有了手機，還是會讀書。**電視剛出現時，也有家長認為孩子會因此不讀書，然而事實並非如此。

從日本文部科學省每年進行的日本全國學習能力暨學習情況調查，就能看得出來。儘管孩子擁有手機的比例急遽增加，與十幾年前相比，孩子的學習能力沒有太大的變化。我認為這是可以證明成績退步與手機無關的數據。

撰寫本書時，我也透過社群軟體進行了問卷調查，當時只有18%的人認為「有了自己的手機後，我的成績退步了」，這個數字讓責任編輯很驚訝：「我以為會更多。」不僅如此，甚至有22%的人認為「有了自己的手機後，我的成績進

步了」。也就是說，成績進步的人比成績退步的人多。

在我的社群軟體填寫問卷的人，大多是我的讀者，因此比較重視學習。不過我相信大家讀到這裡，一定明白成績退步與手機無關。

●段考前只要這麼做，成績一定會進步

孩子之所以不讀書，是因為不了解該怎麼做才能讓成績進步。所有孩子都希望拿到好成績。成績進步，不僅自己開心，身邊的人也會很高興。其實光是學習方法，就可以寫成一本書，在這裡我先根據自己長年的經驗，推薦一些段考前的學習方法。＊詳情請參考我的著作《國中讀書術》、《小學讀書術》（以上皆由日本新興出版社啓林館出版）

①比起書寫，默唸或朗讀更能讓人記住重點

要讓大腦記住事物，一定要「重複」。比起書寫，默唸或朗讀更快、可以重複更多次。因此在段考前，我建議大家先朗讀英語、古文各二十次，接著默唸現代文三次、歷史五次。即使沒有完全理解內容，光是這麼做就能讓成績進步。

②寫三次評量後，鑽研自己寫錯的題目

寫三次評量，如果寫了三次還是寫錯，表示那是自己的弱點。這時候必須寫下來幫助自己記憶。

③數學平時就要練習

數學有許多計算問題，只要知道該如何計算，就能回答問題。如果用考前的時間練習計算，可能無法複習其他科目。如果不擅長數學，只能從自己理解的地方開始。為了不占據太多時間，平時就要練習數學。

④詢問學校老師該如何讀書

建議大家充分利用學校老師，如果只是詢問個別問題就太可惜了，應該詢問「我的成績遲遲無法進步，究竟我該如何讀書？」相信老師會很樂意提供建議，甚至有可能讓你的猜題正確率提高。

●家長越是嘮叨「快去讀書」，孩子就越不喜歡讀書

儘管「孩子有了自己的手機後，就變得不喜歡讀書了」純屬誤解，但**如果沒有妥善使用手機，孩子的確會因為手機而輕忽自己原本該做的事。**因為讀書很無聊，孩子就會專注於眼前讓自己開心的事物——我想，孩子一定知道這樣不好、不能這樣下去。孩子一定都想就讀理想的學校、度過充實的人生。

我希望擔心孩子「一直滑手機」、「不讀書」的家長，一定要做到一點，那就是——享受自己每天的生活。「人生不如意，十之八九」，但我們可以將討厭的事轉化為好笑的事。同時建議大家不要干涉孩子的學習。一旦家長看開，孩子一定會變得比較積極。您不相信嗎？試想，如果我們透過言行來告訴他們應該學習，狀況應該會不一樣。如果家人每天對您碎碎念：「飯還沒煮好嗎？」、「衣服一天要洗兩次」之類的，你會不會覺得很煩，甚至覺得對方只出一張嘴？

然而我們也不能放任孩子。就像做家事有訣竅，使用手機也有。在下一章裡，我將與大家分享最關鍵的重點——如何規定使用手機。

專欄 2

「勤能補拙」的觀念已經落伍了!? 數位世代的學習方法和以前不同

學習內容越困難，手機越能派上用場

大家有聽過「智慧學習」（意旨將「智慧型手機」與「學習」合成一起的簡稱）嗎？聽說有孩子會註冊行動學習軟體／網站的帳號。孩子也有可能透過網路，和朋友彼此教學。雖然許多家長認為孩子有了手機就不讀書，然而的確也有孩子因為有了手機而對學習產生興趣。

目前使用手機學習的比例為，小學生約17%、國中生約30%、高中生約50%。隨著範圍擴大，內容更深，「智慧學習」的孩子也越來越多。

使用手機，讓孩子對學習產生興趣

「智慧學習」是指：

- **使用線上辭典**：像是查英語單字，還有查國文生字、成語等。
- **線上教學資源**：觀賞線上課程的影片、跟著學習軟體的課表練習等。
- **深入研究**：解決自然與社會的問題、了解大家對事物的看法等。

這些用途可以大幅縮短學習時間，而且讓孩子隨時隨地都可以學習。

注：2019年日本內閣府調查。

比起翻字典查單字，直接在網路上搜尋快很多。現在也不需要專程請教專家，只要搜尋影片就可以了解想要知道的事物。孩子可以利用零碎時間線上學習。「智慧學習」讓學習變得很有效率。

除了上述用途，手機也能提升孩子的其他學習動力。比如說——

- **管理時間**：使用將學習時間視覺化的軟體，了解每個科目可以使用的時間。
- **彼此教學、鼓勵**：在社群網站與志同道合的人交流，即使對方的學校或補習班和自己不同。

現在學校甚至會分配平板電腦給每位學生。使用手機，不一定等於玩樂，相信手機能協助孩子學習的功能，未來會越來越多。

你在智慧學習嗎？～手機的使用目的～

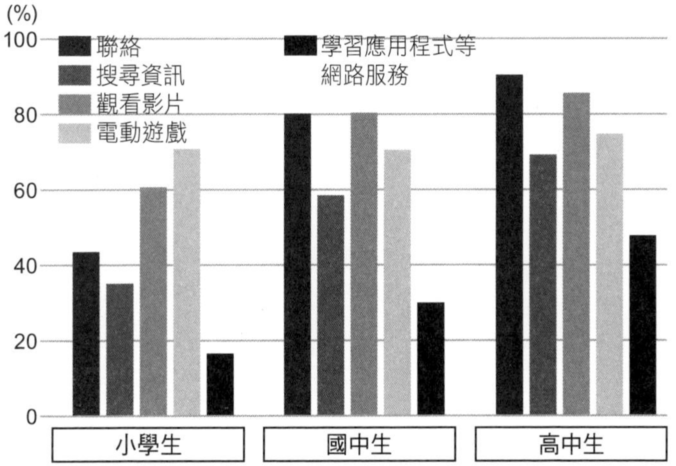

2019年度　青少年網路環境實況調查（日本內閣府）　調查對象：5000名10～17歲青少年

3

章

訂定規則卻失敗了，

孩子出現手機成癮的狀況……

沒有事前規定就讓孩子擁有自己的手機，導致孩子沉迷於手機，甚至日夜顛倒……

我家孩子從小學四年級開始擁有自己的手機，算是滿早的。雖然我們沒有特別規定，但也沒有發生什麼問題。然而最近我發現孩子會在深夜時偷偷看影片或玩遊戲，導致日夜顛倒。於是我決定要限制孩子的使用時間，和孩子發生嚴重的爭執。孩子不能理解為什麼我要突然限制使用時間，我甚至發現孩子用一些方法解除手機的設定，我真的不知道該怎麼辦才好。

木村裕美女士
孩子／國中一年級女生

孩子不了解使用手機的「常識」

▼所以您買手機給孩子時，沒有事先規定如何使用手機，對嗎？

▼對。因為當時孩子還滿聽話的，所以當時不覺得需要規定。

▼畢竟孩子那時候還是小學生，不太會反抗家長。

▼是啊，我從來沒有想過孩子會如此沉迷於手機，才決定要限制使用時間。

▼可是孩子無法遵守吧？

▼沒錯，孩子甚至會擅自解除手機的設定，我真的很震驚！

▼畢竟您之前沒有規定，孩子會有這些反應很正常。就像日本剛開始實施消費稅制度（每次消費都必須繳交稅金的制度）時，您也覺得很反感吧？

我原本相信孩子應該知道如何使用手機。

有些孩子的確如此，但非常少見，建議大家不要有這樣的期待。

所以就算是小學生，也要規定如何使用手機嗎？

每個家庭不同，包括使用時間、使用社群網站的方式等，我認為規定如何使用手機，至少可以讓孩子知道家長的想法與擔憂。

只要事前規定，就不會發生我目前遇到的情況嗎？

不，孩子應該還是會違反規則（笑）。

那規定不就沒有意義了嗎？

這部分我之後會再詳細說明，希望大家先知道一件事——**買手機給孩子時，一開始的作法最重要**。

▼也就是說，我一開始就做錯了嗎？

▼買手機給孩子時，**家長只有一開始完全居於上風**。因為孩子為了擁有手機，會答應家長提出的所有條件，此時討論也會非常順利。然而當孩子**已經拿到手機，家長才想要規定，就變成孩子居於上風**。孩子不一定會答應家長提出的條件，甚至會覺得反感。

▼真的！我說什麼，孩子都不會聽，甚至會為了滑手機想一些旁門左道。

▼畢竟孩子比我們更了解數位科技，這是我們這一代比不上孩子的。

沒有設身處地著想，制定的規則就容易失敗

▼那我應該怎麼辦呢？

▼您可以直接放棄（笑）。

▼這樣會很困擾啦！

▼也是，這樣您會一直焦慮下去、親子關係也會變差。如果您不希望如此，就要**做好覺悟砍掉重練**。

▼覺悟……。

▼畢竟是從零開始，會耗費相當多的心神。接下來就看您怎麼選擇——要面對之後可能會發生的問題，還是要耗費心神砍掉重練？

▼我家孩子正處於叛逆期，真的能砍掉重練嗎？

▼您必須製造一個「異乎尋常」的場景。**如果只是在孩子身邊碎碎念，當然無法砍掉重練**。

▼要如何製造那樣的場景呢？

▼比如說，召開家庭會議。而且要以「決定重大事項」的名義，邀請全家一起參與。刻意營造氣氛很重要。

▼我知道了，我應該請孩子的爸爸出面，孩子好像很怕被爸爸罵。

▼嗯……如果您這麼想，我有預感事情無法如您所願。

▼為什麼？可是如果只有我一個人，孩子根本不會聽。

▼所謂**「規定」，不是由家長單方面決定規則**。

▼可是身為家長，總是希望孩子能做到一些事情。

▼那**不需要命令，也能讓孩子理解啊**。家長可以說明為什麼要召開家庭會議、家長擔心哪些事情等，好好與孩子溝通，不需要有很多情緒。家長闡述自己的想法時，**如果察覺到自己出現不好的情緒，不妨就暫停**，更改家庭會議的時間。

▼聽起來好難！

▼簡單說，就是要設身處地著想。規定基本上是為了思考**「怎麼做才能讓孩子安全地享受擁有手機的樂趣」**。

孩子為什麼無法遵守規則？

▼這樣做真的好嗎？孩子不會爬到我們的頭上嗎？

▼為什麼您會這麼想呢？

▼孩子都因為手機影響生活作息、可能會學壞了，我們卻要讓孩子「享受」嗎？

▼原來您擔心這件事，那您可以老實向孩子說明，接著**與孩子一起思考——該怎麼規定才不會讓這樣的情況發生**。家長有家長的想法、孩子也有孩子的想法，彼此敞開心房、找到平衡點，這樣規定才能立竿見影。

平衡點嗎？

如果只是讓家長滿意，卻無法說服孩子，孩子絕對不會遵守。每次孩子違反規則，家長就會生氣。為了避免被罵，孩子會想辦法鑽漏洞。您不覺得這樣的規則一點意義也沒有嗎？

說的也是。

規定最重要的是，一開始先讓孩子說說看，如何規定比較好。先聆聽孩子的意見。

孩子一定會提出一些不可理喻的規則，比如說「一天可以用十小時」之類的。

如果您聽到孩子這麼說，您會大發雷霆說：「怎麼可能！你想得美！」嗎？

應該會。不對，是一定會。

▼那孩子就再也不會説出自己的想法了。學校也會有這樣的老師，當孩子説出錯誤的答案，就會立刻否定孩子：「錯！」然而專業的老師會**先問孩子：「你為什麼這麼想呢？」聽完孩子的想法後，再說：「原來是因為這樣，你才選這個答案，那你覺得另一個答案如何呢？」**專業的老師會這樣引導孩子思考。

▼所以家長也要像專業的老師一樣嗎？

▼家長也是人，說話難免會前後矛盾。所以我不是希望家長隨時都要像專業的老師，而是希望在規定如何使用手機時，能夠像這樣引導孩子思考。否則即使花時間規定了，也會徒勞無功。

▼您希望我們聆聽孩子的意見，但孩子一定會提出不可理喻的規則……。

▼所以要透過討論來找到平衡點。如果單方面由家長規定，發生問題時孩子就會將責任推給家長，孩子會說：「都是規則太爛了，根本無法遵守。」如果規定時讓孩子說出自己的想法、也讓家長說出自己的想法，根據雙方的意見

來討論、決定規則，孩子就勢必得遵守——因為這是由孩子與家長一同決定的事情。

▼孩子一定能遵守嗎？

▼沒有，孩子一定會違反規則（笑）。所以在規定時，就要**事前講好違反規則時的罰則**。

▼事前講好罰則？

▼對，而且罰則也要由孩子先提出。規定如何使用手機時，基本上家長應該扮演聆聽的角色，確認孩子提出的意見：「你為什麼想這麼做呢？」當孩子說出自己的想法，家長要盡量詢問「為什麼？理由是？」這樣一來，孩子會發現一些事情、想通一些道理，也會相信家長願意與自己溝通。**如果家長老是命令孩子，孩子不會尊敬家長，也不會相信家長。**

如果規則無法順利執行，可以隨時調整

▼規定時要**事先設想多種可能會發生的情況**。

▼多種可能會發生的情況？

▼比如說原本規定最多只能用到晚上九點，但孩子有可能因為和朋友在群組聊天而超時，這種情形可以接受嗎？

▼什麼？要想得這麼細嗎？

▼一定要，**現在幾乎所有家長的規定都太模稜兩可了**。比如說，只有規定最多用到晚上九點，當孩子說：「朋友請我教他功課，我不能不回覆啊！」家長就會讓步，眼睜睜看著孩子違反規則。不然就是說：「不行就是不行」，破壞親子關係。

再比如說，有些孩子會因為家長執行罰則而生氣，那就要事前規定如果孩子因此生氣該怎麼辦？規定時都要先詢問孩子的意見，確認孩子說不出來才開口：「那就我來決定？」先預設情況、詢問孩子的想法再規定。

▼可是人算不如天算呀，**我沒辦法設想所有情況與罰則**。

▼如果發生原本沒有預設的情況，再來調整就可以了。

▼那規定還有意義嗎？

▼就像合約都會有但書，對吧？就是「因本契約之履行所引起或發生之任何糾紛、爭議或歧見，雙方均應以誠意協商解決之」這一段。規定如何使用手機時，也要有但書，讓孩子了解並同意——**當規則無法確實執行，可以適時調整**。

▼的確只要加了但書，之後就可以調整。

▼此時不能忘記的是，雙方都有要求調整的權利。也就是說，當孩子覺得不服，也可以說出來。

▼我一直以為規定了就不能改變，原來可以調整。

▼我們不可能設想到所有可能會發生的情況，一定會有所疏漏。**有疏漏時，再和孩子一起討論就好。**

親子可以這樣對話

家長：我們來規定如何使用手機吧！你覺得要怎麼規定比較好呢？

孩子：不要用太久。不要因為滑手機而不寫作業。

家長：為了不要用太久，我們是不是應該決定「可以用到幾點？」

孩子：比如說，不要超過晚上十一點。

家長：我覺得十一點有點太晚，那時候應該在睡覺了吧？

孩子：嗯，說的也是。

家長：晚上八點呢？

孩子：那太早了啦！我從補習班回來，就差不多晚上八點了。

家長：那晚上九點？

孩子：可能可以吧……。

家長：還是說我們不要規定時間，只要規定使用多久就好。
孩子：這樣很難算，我覺得直接規定可以用到幾點，會比較清楚。
家長：那要試試看晚上九點嗎？
孩子：九點半！
家長：好，那就規定可以用到晚上九點半。那如果你超時，怎麼辦？
孩子：嗯……就三天不能用手機？
家長：好，那我們就先這樣說定。如果真的有困難，再來調整。

設想規則可以訓練孩子的大腦

▼雖然設想規則很麻煩，但「手機」是一個很好的聊天話題。

▼而且加上「但書」，感覺就像在玩遊戲，很有趣。先試試看，如果不順利再調整。如果孩子無法遵守規則，有問題的可能是規則。

要告訴孩子「你無法遵守規則不是你的問題，而是規則的問題」嗎？

當家長採取這樣的態度，也會比較容易說服孩子。**家長難免會單方面命令孩子，但我認為對孩子來說，設想規則是一種很好的機會教育。**因為設想規則可以訓練孩子的大腦——孩子必須思考要根據哪些論點、提出哪些理由，才能說服家長，進而習得談判技巧。我認為家長不妨讓自己稍微居於下風，而別想著速戰速決。當孩子順利說出自己的想法，表示孩子成長了不少。

設想規則，可以不斷刺激孩子的大腦。

而且孩子還會學習到幾件事，包括「任何事都有一定的規則」、「規則不是由地位比較高的人單方面決定，而是眾人一同討論出來的」，孩子就會一步步成為值得信賴的社會人士。

不論是家長還是孩子，都有不想退讓或無法妥協的地方，就要一邊對話一邊尋找平衡點。

▼各國之間也是如此，**因為不對話才會發生戰爭**。

▼我們家現在就有內戰（笑）。

▼為了避免戰爭，在此提醒很重要的一件事。訂立規則時一定要詳細記錄討論過程，**最好錄影**。

▼錄影？不用白紙黑字寫下來嗎？

▼許多人會白紙黑字寫下來，讓大家簽名表示同意。這樣也行，但我覺得錄影更能讓孩子留下更深刻的印象，尤其是提醒孩子「這可是你自己說的哦」。

▼我總覺得錄影表示我不信任孩子。

▼您這麼說，是以「只有孩子會違反規則」為前提，但**違反規則的有可能是家長**。而且我想大家也不希望，事後再來爭執當時到底有沒有這麼說。只要錄影讓雙方留存，孩子就會接受。而且影片內容其實很單調，沒有什麼灑狗血

的橋段，就是「孩子想擁有手機、家長覺得可以買手機給孩子但有些擔心」而已。

▼所以錄影可以避免事後的爭執。

▼**許多家長告訴我，錄影讓事情變得很順利。**因此與其白紙黑字寫下來，錄影更有效。

「我們家的規定」範例

■限制使用時間

・無論是收發電子郵件、玩遊戲、看影片……每天最多使用兩小時。

・超過晚上九點，就不能玩遊戲。

・平日可以使用兩小時、假日可以使用三小時，最多都只能用到晚上十點。

■家長掌握情況

・只能在客廳使用，不能拿進房間。

・安裝軟體前，必須經過家長的同意。
・手機不能上鎖。

■社群網站規定

・不能上傳自己的照片到網路上。
・和其他人交換聯絡方式時，要跟家長說。

＊社群網站之問卷調查

沒有規定就買手機給孩子

結論

● 一開始最重要，買手機給孩子時一定要訂立規則。
● 如果事後才規定，要營造討論重要議題的氛圍。
● 訂立規則不是命令，必須隨時確認孩子的想法。
● 規則可以視情況調整。

注意！

石田派規定的七大原則

①討論時以孩子為優先。

讓孩子先發言，再提出家長的意見。

沒有孩子可以接受單方面的命令。即使家長覺得難以接受，也要先聆聽孩子的期望與心情，不要一下子就拒絕的說：「不可能！」，這是NG的作法。

②聆聽孩子的意見後，說明家長的想法。

家長擔心的事情很多，像是生活作息會受影響、會不想讀書、有可能捲入犯罪案件等，這些都可以和孩子一起討論該如何避免。比如說，家長擔心生活作息會受影響，是否要限定使用時間？最重要的是，先討論再決定。

③事先決定違反規則的罰則。

即使規則經過討論才決定，雙方還是很有可能違反規則，因此需要事先決定罰則（像是加強時間限制等）。此時也要讓孩子先發言，再提出家長的意見。

④設想多種可能發生的情形。

有些孩子會因為家長執行罰則而生氣，那就要事先討論，如果孩子因此生氣該怎麼辦？模稜兩可的規則有許多漏洞，因此需要設想可能發生的情形來防堵漏洞。

⑤加上「但書」，讓雙方都能適時調整規則與罰則。

即使規則經過討論才決定，還是有可能出現「因為太嚴格而無法遵守」等難以執行的狀況。因此建議加上但書，讓雙方都能要求調整。

⑥如果有人變得情緒化就暫停，改天再討論。

規定是討論出來的。如果變成吵架、爭辯，一定無法達成共識。因此如果有人變得情緒化就建議暫停，改天再討論。

⑦錄影記錄討論過程。

錄影除了能讓孩子比較願意遵守規則，也可以讓家長謹慎發言。因此錄影後，檔案要讓雙方留存。

因為孩子不遵守規則而開口提醒孩子，孩子卻惱羞成怒……

我們家規定晚上十點～早上六點不能使用手機。如果違反規則，就由家長保管充電器。沒電，孩子就自然不能用手機了。後來一陣子，孩子開始要求延長使用時間。一開始我說：「這是當初講好的」拒絕了孩子，但孩子反應越來越激烈，甚至惱羞成怒。孩子一生氣，我就不知道該怎麼處理，只好漸漸當作沒有規定了。

佐藤佳織女士
孩子／國中三年級男生

「不行就是不行」會衍生的問題

明明有規定，孩子卻無法遵守——幾乎所有家庭的親子關係都曾因此而變得緊張。

所以不是只有我們家這樣。

只有極少數的孩子可以確實遵守規則。

聽到這麼說我就安心了（笑）。

而且有許多孩子，會因為家長要求自己遵守規則而生氣。

比如說摔房門之類的，我真的不想每天看到這種情形，就漸漸當作沒有規定了。

建議您規定如何使用手機時，**也要先和孩子說好：「如果你生氣，我該如何**

處理？」

▼我完全沒有想過這件事，還以為只要規定了，孩子就會遵守。

▼其實最好可以與孩子溝通：「你覺得怎麼調整，你才能好好遵守？」適時調整規則。

▼那樣真的好嗎？

▼為什麼這麼說呢？

▼老師說過家長不能採取上對下的態度，但我還是覺得家長在「上」。**畢竟孩子的手機費用等生活開銷都是家長在負擔**，家長當然會希望孩子遵守某些事情，不可能對孩子的期待照單全收。

▼是啊，家長與孩子的立場當然不同。

所以我覺得有時候就是會想說：「不行就是不行。」

您當然可以說：「不行就是不行！」

可以嗎？

我想表達的是，有些方法更能順利達成目的。您當然可以說：「不行就是不行」，但那會消耗雙方非常多的心神。

的確很傷神。孩子不聽我的話，還會跟我吵架。

如果即使如此，您還是覺得必須那麼做，我完全尊重您。**要貫徹始終還是適時調整，端看家長的選擇**。不過如果您採取「不行就是不行」的態度，就要做好心理準備，之後可能會不斷發生相同的問題。也就是說，現在的狀況不會改變。

孩子一天想玩十小時電動遊戲也要答應他？

▼我應該會貫徹始終。不然每次孩子違反規則，就要看孩子心情來調整，我覺得這樣不好。我不希望孩子養成「不開心就逃避，讓其他人配合我就好」的觀念。

▼我並沒有說調整規則時，必須答應孩子所有的要求。畢竟孩子很有可能提出一些不可理喻的條件。

▼像是一天想打十小時電動、玩十小時遊戲或付費影片網站看到飽之類的（笑）。

▼此時當然不能只說：「好啊好啊」，我希望家長向孩子說明：「我覺得這樣不好」，家長為什麼這麼想？理由是什麼？**規則，必須讓家長、孩子都能接受。**如果家長覺得原本的規則不妥，由家長要求調整也沒問題。

▼所以家長也可以要求調整。

▼如果家長的原則是「最重要的是，說好的事一定要遵守，就算覺得不合理也要遵守」，那麼這個原則就不只適用於孩子，家長也一樣。每個家庭有不同的觀念，其他人無從置喙。

▼嗯……我突然開始懷疑自己了……究竟我該要求孩子遵守規則，還是該視情況調整規則呢？視情況調整規則，感覺也沒有不好？

▼簡單說，除了貫徹始終，您也可以這麼做。我不會說請您一定要這麼做，而是提醒您**還有其他作法**。

▼我覺得到最後，我可能還是會說：「不行就是不行！」（笑）

▼我覺得這也沒關係，等孩子長大了以後，相信您和孩子一定可以笑看這段時間發生的事：「那時候我們的感情好差……」

▼我只能一邊忍耐，一邊等待那一天的到來嗎？

▼無論您選擇貫徹始終還是適時調整，我想孩子一定都能感受到您為孩子著想、希望孩子幸福的心情。我認為修改規則，也不代表這非常自私。因為您的出發點是愛，**無論選擇走哪一條路，終點不會差太多。**

▼比起原本想要貫徹始終，卻漸漸當作沒有規定，不如適時調整或許比較好。

▼我能確定的是，適時調整能讓雙方的心情輕鬆許多，家庭氣氛也會比較好。

無法遵守規則

結論

- 許多孩子都會違反規則，家長出言制止時還會生氣。
- 規定時先保留「彈性」，表示之後將視情況調整。
- 不只是孩子，家長也可以要求調整。
- 家長可以堅持「不行就是不行」，只是會非常耗費心神。

當孩子不遵守規則，我無法確實處罰……

我們家規定使用手機最多只能到晚上十點，但最近我發現孩子常常半夜還在滑手機。原本我們家規定只要違反規則就要沒收手機，可是孩子也會用手機查資料，當孩子說：「我是為了讀書才用」，我就沒轍了。而且我也擔心如果孩子無法和朋友聯絡會被朋友排擠……青春期的孩子不可能乖乖地讓家長沒收手機，這樣就算有規定與罰則也等於沒有。

高橋久美子女士
孩子／國中三年級男生

不確實處罰＝家長不遵守規則

既然都規定了，當然會希望孩子好好遵守。

對！半夜還在滑手機，睡眠時間就會減少，早上根本爬不起來。

而且您也有事先決定罰則。

有是有，但我也沒辦法強制沒收孩子的手機。

因此正是**您讓孩子體認到「沒有說到做到也沒關係」**。

什麼？

因為你沒有**確實執行**事先決定的罰則。

因為現在不能一天沒有手機，對孩子來說，手機被沒收實在太痛苦了……。

▼但不是應該說到做到嗎？我認為教育應該要以身作則。許多家長會抱怨孩子不遵守規則，但**家長也可能沒有遵守規則**。如果只要求孩子說到做到，就太不公平了。

▼您的意思是，就算孩子很痛苦，我也應該執行罰則嗎？

▼應該要思考「沒收手機」這個罰則是否合適。如果家長沒有說到做到，那麼孩子也不會說到做到。

▼只要孩子說是為了讀書、為了朋友，我就會心軟。

▼等於是您**被孩子牽著鼻子走**，因為孩子知道家長的弱點。

▼這樣說感覺好嚴重喔！

▼因為您沒有執行罰則，孩子就會學習到「沒有說到做到也沒關係」。

▼我不希望變成那樣，但要沒收孩子的手機，我覺得也很難……。

如果只是被開一次違規停車罰單就被吊銷駕照……

▼事先決定規則時，也要同時決定罰則。但您的問題在於罰則的內容。

▼不能沒收嗎？

▼可以沒收，但**一下子就沒收又太重了。**您當時為什麼決定以「沒收手機」作為罰則呢？

▼因為我覺得這個處罰夠重，孩子應該會因此而好好遵守規則。

▼沒想到事與願違（笑），**孩子無法遵守規則、家長無法執行罰則，所以就這樣算了。**

▼我們家現在就是這樣。

我們不妨以駕照來思考看看。如果您有一天違規停車，就被吊銷駕照，您覺得合理嗎？

那也太嚴格了吧，不太合理。

對嘛？違規停車一次不會被吊銷駕照，但如果一而再、再而三違規，就會被吊銷駕照。使用手機也是一樣的道理。

因此一開始的罰則要比較鬆，對嗎？

基本上是這樣。比如說，今天就不能再使用、這個週末禁止玩遊戲等。

但罰則這麼鬆，孩子會願意遵守規則嗎？

可是這個社會就是這麼運作的。故意一而再、再而三違規停車就會被吊銷駕照，但**如果說「是不小心的、只是第一次違規」，罰則就會比較輕**。這麼一來，違反規則的人，也會接受罰則。

不過也會有人想説只是違規停車一下下，沒關係啦（笑）！

如果可以，不會有人想要一直違規，只是有時候會因為各種情況而違規。如果因此就被吊銷駕照，相信大家一定受不了，使用手機也是。我曾聽過有家長規定孩子一違反規則，就沒收手機一個月，我真的很驚訝。

如果罰則比較輕，只是縮短使用時間，**家長也會比較容易開口**。

是啊，如果孩子持續違反規則，就建議和孩子討論「是否需要修改無法遵守的規則？是否需要修改罰則？」

所以還是要和孩子討論。

對，最好不是家長單方面決定。比如說，可以討論「違反規則兩次就加重罰則、三次再加重罰則、四次就沒收」，和孩子一起決定比較好。

我有時候會覺得「這樣做比較好」，對於接受孩子的意見感到不安。

▼您當然可以採取比較高壓的態度，不過會很辛苦。先聆聽孩子的意見再決定，其實家長比較輕鬆。

OK互動

親：我們規定最多只能用到晚上九點半，如果你超過時間，該怎麼辦？

子：我一定不會超過！

親：有時就是會不小心，所以我們先講好怎麼處理比較清楚。比如說，如果你超過時間，隔天就只能用到晚上八點半？

子：那可以我今天超過多少時間，隔天就扣掉多少時間嗎？

親：如果你今天超過三十分鐘，隔天就只能用到九點。感覺還不錯，先試試看。

子：嗯！這樣感覺好像在玩遊戲哦（笑）！

NG互動

親：我們規定最多只能用到晚上九點半，如果你超過時間，我就要沒收你的手機。

子：蛤！這樣就要沒收嗎？

親：當然啊，手機又不是你的，是爸爸媽媽借你的。如果你沒有辦法遵守規則，當然就沒有權利使用啊！

子：那要沒收多久？

親：大概一個星期吧。你不用擔心啦，你不違反規則，就不會被沒收啊。

子：……好吧（怒）！

大人以豐富的人生經驗控制孩子

▼家長之所以想制定嚴格的規則與罰則，也是因為擔心孩子吧？

▼是啊，我不希望孩子因此不讀書，更不希望孩子因此捲入犯罪案件。

▼因此最重要的應該是「孩子能妥善使用手機」。**如果孩子因為規則與罰則很嚴格，就能妥善使用手機，那一點問題也沒有。**然而我們常常事與願違，孩子會反抗、會鑽漏洞、會背著家長違反規則，家長就會越來越無法掌握孩子的情況。

▼的確是這樣。

▼因為擔心，家長才會想要限制手機的使用、讓孩子遠離手機，不過我們不妨反向思考。

▼反向思考？

▼**我們可以放寬規則。**

▼放寬？

▼對，放寬（笑）！

▼這樣不會太寵孩子了嗎？

▼我的意思是，如果孩子能確實遵守規則，我們應該要給予肯定。

▼所以不是一開始就規定得很鬆，是嗎？

▼事先設想多種可能會發生的情況，確實規定。如果孩子能確實遵守，就可以考慮放寬規則。比如說原本只能用到晚上九點，可以放寬到晚上九點半。

▼孩子一定會超開心。

請想像一下孩子的心情。**孩子一定會覺得很自豪：「爸爸媽媽很相信我！我不能辜負他們的信任。」**孩子讀書時，一定也會比平常努力。

「規定」真是一門深奧的學問。

很深奧啊，必須不斷設想「我這麼做、對方應該會這樣反應」掌握人類的心理，讓事情往自己想要的方向發展。**這對還沒有辦法深思熟慮的孩子來說太難了**（笑）！家長必須展現自己的本事。

所以我根本不應該擔心我被孩子控制，而是要想一想我該怎麼控制孩子（笑）。

無法執行罰則
結論

- 如果不執行罰則，孩子就會得寸進尺。
- 罰則應有輕重之分，視情況執行。
- 嚴格而不合理的罰則可能會造成反效果。
- 如果孩子確實遵守規則，可以考慮放寬規則。

我家孩子擅自關掉內容過濾功能！學校分配的平板電腦沒有任何限制，讓我很焦慮。

我家孩子會使用學校分配的平板電腦和自己的手機。我有在孩子的手機設定了使用時間限制與內容過濾的功能，沒想到孩子竟然利用網路上傳授的方法擅自關掉。我簡直就像在跟孩子諜對諜，根本防不勝防。加上學校分配的平板電腦沒有任何限制，孩子什麼影片都看……我真的很焦慮。

渡邊智子女士
孩子／國中二年級男生

孩子如何破解家長設定的密碼

▼孩子擅自關掉家長設定的內容過濾功能，這個問題幾乎無法解決。

▼但這不是手機業者「為了讓家長安心」設計的系統嗎？為什麼國中生可以輕易破解呢？

▼首先，**家長太天真了**，孩子一下子就能猜到家長設定的密碼。

▼騙人的吧？

▼有位孩子曾經跟我說：「**我爸媽設定的密碼永遠都一樣**，超好猜的。」（笑）

▼這樣一說，的確很多人會用家人的生日當作密碼。

▼如果信用卡、提款卡也設定一樣的密碼，很容易被孩子看到，孩子大概猜個

兩三次就會猜中。

▼我真是太不小心了。

▼應該要設定孩子不容易知道的密碼，不過孩子一定還是會想辦法偷看（笑）。

▼原來是這樣啊。

▼真的啊。此外有很多人不知道，**如果使用Wi-Fi，內容過濾功能可能會失效。**

▼我曾經聽過，但我們家沒有使用Wi-Fi，應該沒問題。

▼雖然要看內容過濾功能的種類、手機的機型、家中的Wi-Fi環境等，但孩子的數位知識遠遠超過大人的想像。

▼對，孩子知道很多我不知道的技巧。

▼因為很多網站會教使用者如何操作、朋友之間也會口耳相傳，如果家長覺得「只要設定了內容過濾功能就很安全」，孩子就會覺得有機可乘。

▼我聽電信業者的人說明完，就覺得很安心。

▼等孩子升上國中，家長最好認為「**自己的數位知識比不上孩子**」。孩子會一而再、再而三地設法破解。

▼也就是說，根本分不出勝負呢。

▼也不是這麼說，不如說，應該確實提醒孩子應該如何使用手機，**千萬不要覺得只要設定內容過濾功能就沒事了。**

請孩子在客廳使用學校分配的平板電腦

▼還有一件事情讓我很困擾，我懷疑孩子沒有妥善使用學校分配的平板電腦。

▼因為日本在疫情後全面實施「一位學生一臺平板電腦」的政策。

▼畢竟那個時候經常全面停課，發生了很多問題。孩子在一片混亂中收到平板電腦，就這樣開始線上課程……。

▼不過孩子除了線上課程，還會用平板電腦**聊天、看影片，常常一用就用到半夜，還說：「我在跟同學聯絡事情。」**

▼沒錯，而且學校分配的平板電腦沒有任何限制。

▼這**原本應該是學校的責任**，但學校也都是第一次碰到這樣的情況，沒有辦法妥善處理，只好將問題交給家長解決。

▼我希望學校可以好好向孩子說明，應該如何使用學校分配的平板電腦。

▼如果家長現在很傷腦筋，就不能只等學校處理，還是得想辦法解決。但處理的前提要明白，這原本應該是學校的責任。

▼因為學校分配的平板電腦和個人的手機不同，是嗎？

▼因為學校分配平板電腦不是為了休閒，但個人購買手機有一部分的確是為了滿足遊戲、社群網站等需求。**用途完全不同**。當孩子無法確實區分兩者的用途，**家長就必須規定如何使用學校分配的平板電腦**。

▼所以還是要規定。

▼除此之外，別無他法。討論規則時，最重要的核心應該是「學校分配的平板電腦，只能用在與學校有關的聯絡與學習」。

▼可是孩子總是會說「這件事和學校有關係。」

▼暫且接受吧，如果一下子就說：「你一定是在騙人！」孩子只會反抗。

▼可是我覺得孩子一定在騙人（笑）。

▼因為規定只能用在與學校有關的聯絡與學習，所以**可以先詢問孩子：「除此之外，平板電腦可能還有哪些用途？如果你不是用在與學校有關的聯絡與學習，該怎麼處理？」**先讓孩子描述可能的情況並留下紀錄，就有一定的約束力。

▼可能或多或少有效吧！

▼有些家庭規定孩子只能在客廳使用學校分配的平板電腦，因為是與學校有關的聯絡與學習，孩子應該不需要擔心被家長看到。

▼啊，那應該是一個好方法。

▼當孩子背著家長與學校為所欲為，或許**向學校反應一下目前家長遇到的問題比較好**。

▼畢竟老師也都不清楚實際使用情況。

▼應該要讓學校了解，這原本應該是學校的責任。

▼比如說在家長會提出來，與大家一起討論。

▼沒錯，我們不是在抱怨學校。而是為了孩子，想與學校合作一起摸索更好的使用方式。

內容過濾功能派不上用場

結論

- 千萬不要認為「只要設定了內容過濾功能就很安全」，要保持警覺。
- 孩子擁有的數位知識比家長豐富，和孩子諜對諜絕對沒有勝算。
- 規定應該如何使用學校分配的平板電腦。
- 家長和學校應該一同思考平板電腦更好的使用方式。

經驗談

當我使用石田派七大原則，孩子就變了！會自己思考該如何使用手機

渡邊智子女士
孩子／國二男生

在上一節因為孩子關掉內容過濾功能而傷腦筋的渡邊女士，在那之後實施了我的七大原則，據說她的孩子出現驚人的變化，現在就讓我們來看看她的心得。

●孩子經常滑手機到半夜，影響生活作息

在我實施石田老師的七大原則前，孩子平日會用手機五～六小時，假日會用手機近十小時玩遊戲或看影片，幾乎都不在家讀書。放學回家後到我們設定的時間（晚上十一點），就一直在滑手機。到了晚上十一點，他才會去洗澡、準備明天的東西，每天都很晚睡，所以早上也起不來。加上他會利用網路上傳授的方法擅自關掉內容過濾功能，就算我們設定手機的使

用時間限制也會被破解。原本我們規定只要違反規則，隔天就不讓孩子使用手機，但孩子還是會偷看，我們也沒有辦法確實掌握並實施罰則。

我覺得再這樣下去不行，於是決定好好與孩子討論如何使用手機。當時，我有留意石田老師說的下列重點：

・**先聆聽孩子的意見，再說出家長的想法。**
・**確實規定違反規則時的罰則。**
・**事先說好，如果規則有問題可以適時調整。**
・**一旦規定了，就不再否定孩子的生活態度，靜觀其變。**

當時我們討論了整整兩個小時，才找到彼此都可以接受的平衡點。

●其實當時的結論，只有縮短十五分鐘的使用時間

一開始孩子甚至提出荒謬的要求「半夜又怎樣，我想用就用啊」，即使我說出心中的擔憂，孩子還是不斷說「管你的、不關我的事、還好、隨便、麻煩……」我們的討論就像兩條平行線。雖然我很想放棄，但是努力尋找契機。聊著聊著，我發現孩子提到學校的朋友都很開心：「我很喜歡上學。」我一邊附和、一邊慢慢回到正題。過了一個半小時後，孩子總算

主動開口問：「你覺得怎麼規定比較好？」

「你覺得呢？你想要完全不限制時間嗎？」

「我覺得還是限制時間比較好，我沒有自信可以好好克制。」

「那我們就好好規定時間。」

「嗯……」

提到限制時間，孩子的態度又變得消極，應該是想到「一旦決定就要遵守」而心生抗拒吧。不過問題總是要解決，我不希望重蹈覆轍，於是時而強硬、時而退讓。最後孩子呈現半放棄的狀態，我們終於達成協議。

①最多只能用到晚上十點四十五分。

②時間到了，手機就要放在家長的房間充電（不能拿進自己的房間）。

③如果出現考不好等問題，就要調整規則。

④如果違反規則，隔天就不能使用手機。

事實上，我們只有縮短十五分鐘的使用時間，真的只前進了一小步。不過我告訴自己，希望透過這次的機會，讓孩子確實遵守規定。

孩子主動提出新的規則！

採用新的規則約兩個月後，孩子違反規則三次。我沒有對孩子說教，只是隔天不讓孩子使用手機。讓我驚訝的是，孩子也沒有任何怨言。更令我高興的是，**發生問題時，孩子主動問我：「我們是不是應該討論一下？」**

規定如何使用手機時，我沒有提到如果段考考不好，就要調整規則。結果孩子段考時，有一科真的考得很差，就連孩子自己也嚇到了。原本我就想說應該要再和孩子討論，沒想到孩子先主動提出：「考試期間，我吃完晚餐後就不用手機了」，於是我們調整了規則。此外，因為孩子確實遵守「手機放在家長房間充電」這項規則，半夜不會偷看手機、早上自然就能好好起床了。

規定時聆聽孩子的意見、採取孩子能遵守的規則、確實執行罰則、適時調整規則、正向看待孩子，這些都是讓孩子遵守規則的重要關鍵。我深刻感受到**即使我們只前進了一小步，只要我們能確實的「規定↓遵守」，情況一定能夠好轉。**

總結

制定並執行規則，是避免紛爭最重要的關鍵

我喜歡新奇的事物，所以算是很早就擁有手機和智慧型手機了。我從十多年前開始購買智慧型手機，大約每兩年就會換成最新的機型。在我們這個世代，我應該算是滿會使用智慧型手機的人。不過我每次和現在的國中生聊天，還是會不斷問他們問題。在類比時代出生的我，真的完全比不上數位世代的他們。就數位知識來說，他們是我的資訊科技顧問。

家長總是想著，自己應該要教導孩子、引導孩子，那都是為了孩子好。如果覺得孩子的未來和自己無關，就不會這麼想。不過當家長的教誨聽起來像是門外漢或完全忽視孩子的心情，親子關係就會變得非常緊張。就智慧型手機來說，孩子了解的一定比家長多，然而家長卻掌握孩子使用手機的權限，因此家長才會煩惱該怎麼做才好。

我認為**最重要的是，制定規則並確實執行規則**。只要做到這一點，家

長就不會感到不安，孩子也能開心使用。我在九十八頁提到的石田派規定七大原則，敬請大家參考。

●覺得「這樣比較好」往往會引發反效果

再怎麼好的規則，如果無法遵守，就一點意義也沒有。**許多家長會因為擔心，而制定許多孩子無法遵守的規則**，罰則也過於嚴格。比如說「只要成績退步，下次段考前就都不能使用手機」。現在的孩子，尤其是對國中生來說，手機是與朋友交流、休閒娛樂非常重要的工具，家長沒收手機一兩個月，孩子真的會反省嗎？我倒覺得孩子只會心生怨恨，而且會越來越想不通。之後孩子就會背著家長鑽漏洞，覺得只要不被發現就好。就算被發現了，孩子也不會想要改變，家長也只會越來越嚴格。要斷絕這樣的惡性循環非常困難。

因此**規定如何使用手機時，我還是希望家長先聆聽孩子的意見**。當然，孩子有可能會提出荒謬的要求，家長先不要急著否定，讓孩子知道家長無法妥協的原則。一同討論孩子的意見與家長的意見，找出平衡點，達成雙方都能接受的協議。我希望家長可以平靜而謹慎地面對這樣的過程。

規定後，如果孩子能遵守最好，但孩子往往還是會違反規則。因此事前就要說好：如果發生問題，可以適時調整過於嚴格或過於寬鬆的規則，罰則也可以由輕到重。這些都是妥善規定的關鍵。

總結

● 訂立規則的過程能夠讓孩子成長

或許有人會覺得這樣的過程「太寵孩子了」，但**謹慎規定也是家庭教育很重要的一環**。在討論不同意見時，孩子會學習到如何有邏輯地思考、如何說服對方，也會實際感受到「所謂『規則』，不是由地位比較高的人單方面決定，而是眾人一同討論出來的」，進而學習妥協、互讓的重要性。**透過訂立規則的過程，我們也在將孩子教育成受人信賴、愛戴的人**。

過程中，或許會出現孩子不願意接受、討論變得緊張激烈、家長說不過孩子等情況，我認為此時家長不需要想著速戰速決，稍微居於下風最好。希望家長**讓孩子開心地感受到：自己長大了，有辦法說服家長**。

事實上，幾乎所有中小學生都無法做到這一點，大多數的孩子都說不過家長。希望家長體認到孩子的詞彙還不夠豐富，無法確實表達自己的想法。當家長覺得自己開始對孩子施壓，不妨改天再繼續冷靜討論。

●沒有規定，孩子也能妥善使用手機嗎？

什麼時候讓孩子擁有自己的手機？如何讓孩子使用手機？每個家庭情況與價值觀不同、每個孩子的個性也不同，因此這些問題沒有正確答案，家長可以依照「我們家的原則」來決定。像是有些家庭適合「最多只能用到晚上十點」、有些家庭覺得十點太晚了。因此我不會說這個規則行不通，一定要怎樣規定比較好。此外，**我提到的所有訣竅也都不是絕對，只是我認為「這樣做會比較順利」**。

相信一定有家長堅持不採取孩子的意見，如果那是基於愛孩子的信念，我覺得無妨。然而我想家長必須做好心理準備，幾乎所有孩子都不會如此順從，因此雙方會耗費相當多的心神。

最後，我想提到一點。有些孩子就算沒有規定也能妥善使用手機，更有甚者，有些孩子因為可以自由使用手機而精通所有技巧。這些孩子未來應該可以活躍於專業領域，像是成為優秀的藝術家。或許有人會因為看過這樣的孩子，而覺得「我家孩子應該也可以」，但這樣的孩子是極少數。希望家長明白，放縱孩子的風險非常高。如果沒有確實規定如何使用手機，幾乎所有孩子都會沉迷甚至上癮。

專欄 3

責備孩子「不遵守規則！」其實只是家長一廂情願!?

約有一半的家庭會限制手機使用時間

極少數家庭會讓孩子毫無限制地使用手機，目前有84.8%（注）的家庭會「控管孩子如何使用手機上網」。這項調查的對象是家有十～十七歲孩子（含高中生）的家長，若限定在中小學生，相信比例會更高。家長的控管項目大多是：

- 掌握孩子上網的情況　約40%
- 設定內容過濾功能　約37%
- 在大人看得見的範圍上網　約35%
- 規定使用時間與地點　約32%

然而手機不是只有用來上網，還有許多用途，像是玩遊戲、和朋友聯絡等。我為本書進行問卷調查時，也有提到「使用手機的規定」，絕大多數的家庭會「限制手機使用時間」，占48%。像是一天使用兩小時、最多用到晚上九點等。此外，也有許多家長會設定內容過濾功能，避免孩子看到有害身心的內容。還有禁止孩子將手機帶進房間（11%）、禁止孩子擅自安裝應用程式（6%）、禁止孩子儲值遊戲（6%）、讓家長確認Line等通訊軟體的內容（5%）、吃飯時禁止使用手機（5%）等。

注：二〇一九年，日本內閣府調查

親子之間對於「規定」的想法相差甚遠

有一點，我覺得非常值得思考。當我問到：「家裡有規定如何上網嗎？」親子之間出現相當大的落差。

我以圖表分別呈現小學、國中、高中生的結果，發現每個年齡層的家長大多回答「有規定」，孩子則不然。而隨著孩子的年齡增長，落差也越來越明顯。從這一點就可以看得出來，只有家長覺得自己有規定，而孩子覺得沒有。

在這之中我們看到了許多因為孩子忽視、違反規則而煩惱的家長，但說不定孩子從一開始就覺得家長沒規定呢！

只有家長覺得自己有規定？

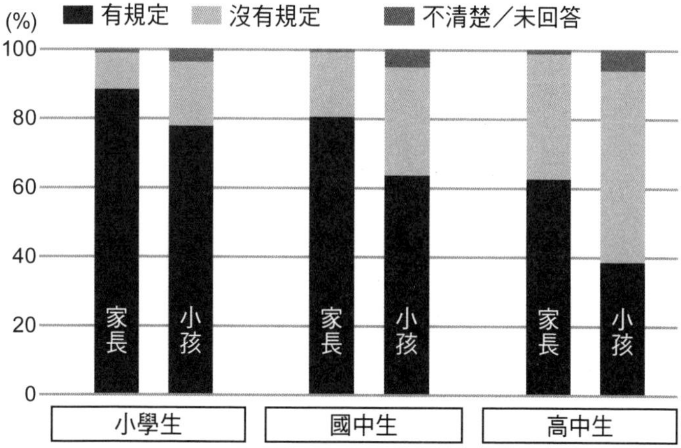

2019年　青少年網路環境實況調查（日本內閣府）　調查對象：5000名10～17歲青少年

4 章

孩子沉迷於線上遊戲，

完全無法自拔

明明規定每天只能玩一小時，孩子卻廢寢忘食一直玩……

我家孩子沉迷於線上遊戲。考完國中會考後，我買了遊戲機給孩子，當時規定一天只能玩一小時。沒想到孩子最近常常超時，甚至到了洗澡、吃飯的時間也不想停下來。每次我看到孩子玩遊戲，都會非常煩躁。但我開口要孩子停下來，孩子又會說：「我還在玩線上遊戲，沒有辦法馬上停下來」。感覺我們每天都在吵架，親子關係非常緊張。

鈴木理惠女士
孩子／國中二年級男生

家長太不了解線上遊戲

▼您自己會玩遊戲嗎？

▼現在不會，但結婚前偶爾會玩「動物森友會」、「瑪利歐賽車」之類的。

▼您覺得好玩嗎？

▼用來打發時間還可以。

▼但您的孩子卻愛不釋手，甚至廢寢忘食，對嗎？

▼別再說了！我一想到就覺得煩躁（笑）！

▼不過現在的遊戲和您想像中的遊戲完全不同喔。

▼是嗎？

家長這一代的人認為遊戲只是一種娛樂，然而現在的線上遊戲很厲害——玩家**除了要一直動腦，還得與其他玩家溝通，我覺得非常厲害，甚至可以說是一種潛能開發**。

那麼厲害嗎？

我曾經聽人說過：「如果家長沒有實際體驗孩子經歷的事卻一股腦兒批評，等於放棄教育孩子。」

放棄教育孩子……。

這麼說的確有點嚴肅，簡單來說，**每個世代對於遊戲的看法不同**。現在的遊戲或許能協助孩子提升溝通能力。

孩子的確會透過線上遊戲與朋友交流。

以前的孩子是透過捉迷藏、棒球等遊戲與朋友溝通，現在的孩子則是透過線上遊戲。遊戲的進化不可同日而語，希望大家明白，家長對於遊戲的看法與孩子對於遊戲的看法相差甚遠。

線上遊戲對大腦會有不好的影響嗎？

▼即使如此，我還是覺得不應該連續玩好幾個小時。我甚至聽說，線上遊戲對大腦會有不好的影響。

▼我不是腦科學家，但我想那有點危言聳聽。

▼您不擔心線上遊戲對大腦會有不好的影響嗎？

▼世界上有藥物成癮、酒精成癮的患者，一定也會有遊戲成癮的孩子。然而即使遊戲如此普遍，整體而言，孩子的學習能力並沒有下滑（請參考六十三頁，日本文部科學省　日本全國學習能力暨學習狀況調查）。或許有些孩子的大腦的確會受到不好的影響，但我認為，絕大多數時候損害大腦的不是遊戲本身。

可是我擔心孩子會一直玩遊戲，而不去做該做的事。

出現了！大家真的很喜歡說「做該做的事」。

不行嗎？我覺得先玩遊戲而不去做該完成的事，表示孩子沒有自制力。

畢竟製作遊戲的人都是了解「如何讓人沉迷、讓人愛不釋手」的專家，孩子選擇先玩遊戲而不去做該做的事一點都不奇怪。

我還是希望孩子可以先寫完作業、複習完功課再說……。

「做完該做的事」——這個要求真的正確嗎？

「做完該做的事」這句話的問題在於，**它是命令句**。家長與孩子相處時，如果老是使用命令句，親子關係絕對不會融洽。

那我怎麼辦才好呢？

讓孩子自己選擇——先寫完作業、複習完功課等做完該做的事，再去玩遊戲；還是先玩遊戲再去做該做的事。

那孩子一定會選擇先玩遊戲，而且之後也不會好好做該做的事。

您先不要緊張（笑），**讓孩子自己選擇時，也要向孩子說明各自的利弊。**

該做的事不好好做，哪有什麼好處？

有啊，好處就是可以先玩遊戲。

那是好處嗎？

對孩子來說一定是，立刻就可以玩呢（笑），不過當然也有壞處，「因為該做的事還沒做，玩遊戲時心裡也會有疙瘩，而且可能最後會來不及做該做的事」。

那做完該做的事，再去玩遊戲呢？

好處是，因為已經做完該做的事，玩遊戲時就可以沒有後顧之憂。壞處是，要先撐過讀書那段時間，可能會有一點難熬。**向孩子說明後，讓孩子自己選擇**。我想，您的孩子可能會選擇先玩遊戲吧。

然後之後也不會好好做該做的事！

那麼事前也可以向孩子確認，**萬一這個方法行不通該怎麼辦呢？**是不是應該先做完該做的事，再去玩遊戲呢？此時，相信孩子一定會說：「好，我到時候就先做完該做的事，再去玩遊戲。」實際執行看看，如果孩子真的因此而沒有好好做該做的事，就請他先做完該做的事，再去玩遊戲。

原來是有策略的呢。

畢竟我們面對的是「遊戲」這個強大的對手，**當然必須費盡心機**。最重要的是，取得孩子的同意，而不只是單方面的命令孩子。孩子會**因為自己也參與**

了規定的過程，而覺得「大人很重視我的想法，如果我真的無法先甘後苦，那就只好先苦後甘。」

▼這和單純罵孩子：「該做的事都不好好做！」感覺完全不一樣。

▼您也這麼認為吧？**我們大可以兩種模式都試試看**，因為不確定怎麼做比較適合自己，試試看之後再決定就好。

▼所以我們也可以依照情況來決定讓孩子先甘後苦或先苦後甘，對嗎？

▼也可以。這樣一來，孩子會自然而然學會「比較適合自己的作法」進而培養自制力。當孩子有了自制力，我們就不需要干涉了。孩子可以自己思考、決定並執行，成為自律的人。

獨特的規則與罰則

■規則

- 想安裝新的遊戲時，必須先製作簡報，向其他家人介紹這款遊戲。
- 只有清晨才能玩遊戲，平日最多玩到上午六點、假日最多玩到上午七點，讓孩子習慣早起。
- 採取門票制，每週發放二十一張3C門票，每張門票可以使用3C三十分鐘。如果最後有多餘的門票，家長就用五十元向孩子購回。
- 段考結束當天可以無限暢玩，玩到飽。

■罰則

- 下次必須自己想辦法去補習，家長不接送。
- 違反第一次先記警告、違反第二次就禁止使用。
- 採取罰款制。違反一次罰一佰元。

＊資料來源：社群網站之問卷調查

不如就讓孩子玩線上遊戲整整七小時

▼目前我們限制孩子每天玩一小時，時間限制也要由孩子決定嗎？

▼基本上，所有規則都應該聆聽孩子的意見。我相信許多家庭會限制孩子玩遊戲的時間，雖然我覺得**時間限制很難確實執行，因為線上遊戲很難說結束就結束**。

▼我家孩子也常說：「我正在和朋友連線。」

▼連線就要在意其他人，不能說離開就離開。

▼**媽媽之間說這是「友情藉口」**（笑）。為了玩遊戲，拿朋友當擋箭牌。

▼畢竟提到朋友，家長多少都會讓步。

▼對啊，總不能讓孩子被朋友排擠。

▼如果孩子就是會因為朋友而超時，那孩子一定無法遵守規則。既然如此，我們就應該修改成孩子能遵守的規則——比如說如果和朋友連線，就可以玩到解散為止。

▼這個部分也需要和孩子討論嗎？

▼沒錯，可以問孩子：「需不需要改成這樣？如果朋友遲遲不解散，可能會玩上兩、三小時，甚至會影響你吃飯哦。」**和孩子一同預期會發生哪些情況，並和孩子一同思考如何因應**。

▼也就是丟球給孩子接。

▼孩子接球後就必須思考並試著執行，比如說「玩了一小時後，就要想辦法在二十分鐘以內結束」，如果無法順利執行就再修正。

▼限制玩遊戲的時間真的好難……如果完全不限制，孩子就會玩到沒完沒了；限制時間，孩子又沒辦法說結束就結束。

如果孩子無法遵守每天玩一小時的規則，或許可以考慮規定「平日不能玩遊戲，但週末兩天相加可以玩七小時」。這樣一來，孩子每週還是玩了七小時。而且因為是兩天玩七小時，孩子不太會超時，甚至會覺得「夠了」。

原來可以這樣彈性調整。

不了解遊戲的人很容易規定「每天玩一小時」。不過找一個適合的時間點，讓孩子盡情地玩，反而比較能順利限制其他天的時間。

比如說我家孩子的朋友大多是週二有空，那週二就讓孩子玩兩小時之類的。

是啊，**孩子不太能自己想出選項**，需要家長的協助。家長提出建議，讓孩子思考、選擇。

如果無法確實執行，就再提出其他選項試試看。

看來你開始明白了呢。（笑）

▼您剛才說，遊戲的時間限制很難確實執行，但還是要有時間限制比較好吧？

▼**我認為在國中以前，有時間限制比較好。**如果沒有時間限制，幾乎所有孩子都會變成一天到晚在玩遊戲，而不好好做該做的事。

孩子對遊戲愛不釋手

結論

- 現在遊戲的品質非常高，不單純是娛樂。
- 為孩子提供選項並說明每個選項的利弊，讓孩子自己選擇。
- 雖然有時間限制比較好，但可以彈性運用。

孩子沉迷於戰鬥型的線上遊戲，動不動就說：「去死！殺了他！」我實在很擔心孩子接觸到不好的內容……

我很介意我的兒子在玩遊戲時說的話，真的很受不了。學校因疫情改為線上課程以來，他就開始玩戰鬥型的線上遊戲。雖然他都是和班上同學一起玩，但每次玩遊戲就會聽到他說：「殺了他！你們全部都去死！」我實在不希望他接觸那些互相殺害的內容，導致日常生活也受到影響。

齋藤真由美女士
孩子／國中二年級男生

以前孩子的世界就充斥著「去死」、「殺死他」等字眼

▼我的先生也會玩遊戲，所以他不是很介意兒子說這些話，只有我覺得很受不了。

▼**擔心孩子玩遊戲的，絕大多數都是男生的母親**，畢竟玩線上遊戲的女生比較少。

▼對，我的女兒平常都是用手機拍照，上傳到社群網站。

▼雖然這一點因人而異，但男生的大腦結構的確比較容易傾向玩遊戲。

▼我的先生都說：「你不要管他。」

▼我也贊成。

▼男性不會介意嗎？我每天聽我的兒子說：「殺死他！去死！」總覺得有點恐

怖。

▼**孩子說這些話，並不像家長想像的那麼認真。**

▼可是把「去死」掛在嘴邊還是不好吧？

▼當然，可是這些字眼不只會出現在遊戲裡，漫畫、動畫也很常出現。從以前開始就是這樣，《假面騎士》、《北斗神拳》、《七龍珠》、《鬼滅之刃》的內容都是在打打殺殺。

▼可是我沒有很在意漫畫和動畫，為什麼我這麼在意遊戲呢？

▼可能是因為感覺很真實吧。**您應該是擔心孩子不只是在虛擬的世界，在現實的世界也會變成那樣**。不過我想，那是一種錯覺。

▼如果只是我想太多了那就好。

▼如果遊戲裡的「去死」帶給孩子不好的影響，世界上應該會發生很恐怖的事情吧？

▼畢竟大家一天到晚在「去死」、「殺死他」啊！

▼事實上，**近年日本青少年的重大案件銳減許多**。媒體報導有些案件時會說「受到遊戲的影響」，家長難免會擔心。現在遊戲如此普遍，重大案件卻逐年減少——從這一點來看，我個人認為遊戲並不像家長擔心的那樣，帶給孩子不好的影響。

少年犯罪逐年減少

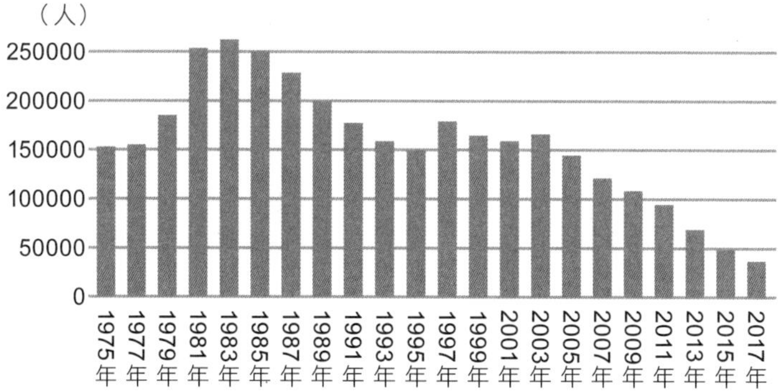

＊2019年　犯罪白皮書
＊未滿20歲違反刑法被逮捕的人數，其中2002年～2014年包含危險駕駛致死案件。

其實孩子也說了許多正面的話，你是否忽略了？

▼就算沒有發生什麼嚴重的問題，我還是不想聽到我的兒子說那些話。

▼當然，一定會覺得不舒服。我也認為，孩子如果能不說那些話最好。

▼遊戲畫面讓人眼花撩亂，又聽到他一直說：「去死！」我真的會擔心。

▼**其實我建議您不需要太在意孩子說了哪些負面的話。**

▼您建議我當作沒聽到嗎？

▼就像您的先生所說：「不要管他」，忽視那些負面的話。因為**即使您不斷要求：「不要說那些話」，孩子也做不到。**

▼真的，他每次都不理我（笑），可是我覺得只要我有講，他多少還是會注意一下。

▼那樣只會變成，孩子會避免在您的面前玩，您也會不清楚孩子在做什麼。與其在意那些負面的話，您應該注意孩子說了哪些正面的話？像是「讚啦！過關了，耶！」那些應該也可以成為親子之間的話題，當您詢問：「你拿到了什麼很好的寶物嗎？」孩子應該會興奮地向您說明。

▼家長可以從這邊開始與孩子對話，是嗎？

▼如果您真的很想糾正孩子，**不要當下說，找其他機會與孩子溝通的效果比較好**。比如說大家一起看電視時，有人說了負面的話，您可以詢問孩子：「你覺得如果習慣把這些話掛在嘴邊，會不會哪一天在其他場合說錯話？」這樣會比當下指責孩子，來得有效許多。

▼所以我都在做白工嗎？

▼有一點請您不要誤會，我希望您不要介意的是，孩子因為遊戲而口出惡言。如果孩子是對同學說：「氣死我了，我要殺死你！」那的確需要糾正，因為孩子是在現實的世界提到「殺害」這樣的概念。

孩子玩遊戲時口出惡言
結論

- 孩子並不像家長擔心的那樣，無法分清楚遊戲的世界與現實的世界。
- 與其在意孩子說出負面的話，不如注意孩子說了哪些正面的話。
- 當下糾正孩子只會被忽視，找其他機會與孩子溝通比較有效。
- 如果孩子是在現實的世界口出惡言，就要確實糾正。

孩子偷拿我們的錢去儲值遊戲……我真的非常震驚！

我明明禁止孩子在遊戲儲值，孩子卻偷拿我們的錢去買預付卡儲值。我沒有想到孩子竟然會這麼做，所以很晚才發現，金額已經累積到很恐怖的數字。而且我發現時問孩子，孩子還裝作不知道，我真的非常震驚。現在我沒收了孩子的遊戲機，但我不確定孩子有沒有在反省……孩子一下說謊、一下裝作不知道，我再也沒辦法相信孩子了。我究竟該怎麼做才好……

田中優子女士
孩子／小學六年級男生

這樣的孩子會瞞著家長儲值

我有兩個兒子，但我們家沒有禁止儲值。

咦？為什麼？我一直以為絕對不能讓孩子在遊戲裡儲值。

是因為不能讓孩子經手金錢嗎？

當然，他們會不知節制。

我的兩個兒子是用自己的零用錢儲值。

我家孩子應該沒辦法控制，從上次經驗就知道了。

禁止儲值這件事，您有和孩子討論過嗎？

沒有，因為我覺得這不需要討論，所以我跟孩子說：「絕對不行！」

▼這或許就是造成問題的原因。

▼意思是不能禁止嗎？

▼我尊重您的想法，所以不是說「不能」。只是有些孩子在某些時刻，像是「只要付五十元就可以獲得這項寶物」，孩子會無法克制。可是孩子被家長禁止儲值，那怎麼辦？**只好偷偷來，瞞著家長儲值**。

▼我原本以為孩子應該不會想要儲值。

▼**這表示您的孩子是不會輕易放棄的類型**。一旦孩子成功一次，就會忍不住繼續，不斷累積到驚人的金額。

▼我明明就有證據，孩子還是說：「我不知道，不是我」，我真的很想哭。

▼相信您的孩子一定也很擔心，不知道該怎麼辦。畢竟孩子還是小學生，只好趕快裝作不知道（笑）。

您這樣說，我有比較釋懷。

越是被禁止，反作用力可能就越大。

儲值引發問題的案例

■因為全家共用的平板電腦登錄了父親的信用卡資訊，孩子沒有詢問就直接購買付費項目，總金額超過二十萬元。

■孩子為了儲值，趁家長不在時拿家長的信用卡登錄資訊。由於當時一起玩遊戲的朋友也登錄了相同的信用卡資訊，因此信用卡只好作廢。

■孩子為了儲值一次而登錄信用卡資訊，之後被自動扣款六萬元，而且孩子在確認年齡的畫面選擇了「已滿二十歲」（日本滿二十歲才算成年。）

■孩子擅自儲值數萬元，而且會偷偷刪除通知郵件，所以家長遲遲沒有發現。

＊資料來源：日本國民生活中心

用自己的零用錢儲值也不行嗎？

▼所以我覺得還是不要讓孩子在遊戲裡儲值比較好。

▼儲值真的有這麼不好嗎？如果孩子用自己的零用錢儲值，應該沒有什麼問題呀？

▼可是一旦儲值就會停不下來。

▼因為被禁止而瞞著家長儲值，在私底下的行為是無法被限制的；但如果說好只能用自己的零用錢儲值，孩子應該可以控制得很好。

▼是嗎……孩子真的不會想要超支嗎？

▼**我不認為儲值是壞事**，但我也不認為孩子能毫無限制地儲值。因此我們家規定只能用自己的零用錢儲值。

▼就像用自己的零用錢買漫畫或零食，對嗎？

▼是啊。不過**在網路世界消費，的確會遇到與一般購物不同的風險。**

▼對嘛！我就是擔心這個！

▼**雖然擔心，但家長其實不太懂，**所以乾脆禁止。如果您覺得禁止就能安心了，那是一種鴕鳥心態。

▼鴕鳥心態……。

▼在規定「只能用自己的零用錢儲值」時，應該要提前與孩子討論儲值可能會遇到的問題，像是「自己可能會不知節制」、「個人資訊可能會外流」等。

▼您的意思是**不能完全禁止，也不能完全不管，**對嗎？

▼我建議家長們對遊戲與儲值，應該要有最低程度的了解，再好好與孩子討

論。比如說讓孩子用自己的零用錢儲值，但要求孩子每次儲值時先跟家長說一聲。只要好好地向孩子說明家長的擔憂，而非單方面的命令，孩子也會比較容易放在心上。

▼所以還是要好好與孩子溝通。

▼**只要平常與孩子保持良好的溝通，家長會比較容易發現問題**，請大家要重視家長的直覺。

遊戲儲值問題

結論

- 不要先入為主地認為儲值＝壞事。
- 一味禁止，更有可能發生嚴重的問題。
- 對於網路的金錢糾紛，家長要有最低程度的了解。
- 好好向孩子說明自己的擔憂，而非單方面的命令。

總結

試著懷疑「遊戲＝對孩子只有負面影響」這個先入為主的觀念

許多孩子擁有自己的遊戲機，尤其是男生，通常會在小學低年級～中年級時要求家長買遊戲機。除了一個人玩遊戲，小學生會羨慕技術比較好的人、也會與朋友連線對戰。孩子再大一點，許多人會轉而使用手機或平板電腦玩線上遊戲。

家長看到孩子玩遊戲，常常會很煩躁。包括「究竟要玩到什麼時候？」、「一直玩遊戲，該做的事都沒有做，都不讀書」、「成績會退步」、「視力會變差」、「大腦可能會受到不好的影響」、「孩子興奮就會說一些不好聽的話，像是『去死！』之類的」……家長的煩躁永無止盡。

畢竟遊戲是專家為了讓人們愛不釋手而設計出來的商品，只要不管孩子，孩子就會沉迷於遊戲。因此我認為，應該要規定升上高中前，仍無法妥善自制的孩子如何玩遊戲，包括限制時間。

或許有許多人認為遊戲、儲值是壞事，但我不這麼認為。其實也難怪，畢竟媒體會報導「大腦因為玩遊戲而受影響」、「因為玩遊戲鋌而走險，甚至犯罪」等情況，但這些是非常少的特例。**絕大多數的孩子會因為家長的提醒、人際的問題，而學習到如何與遊戲保持適當的距離。**

現在的遊戲要求玩家高度參與，包括推理、思考、溝通的過程，玩家也會因此了解經濟、法律、歷史、自然科學等基礎知識——這樣的結構，和家長這一代認知的遊戲完全不同。同時，**遊戲對孩子來說，也是一項重要的社交工具。**如果了解這些事，您覺得您還是會完全否定遊戲嗎？**

家長對遊戲要有最低程度的了解

如果想解決遊戲的問題，關鍵在於家長必須心平氣和。**只要孩子遵守規則，家長就能心平氣和，家裡的氣氛也會輕鬆愉快。**此外，**我相信只要家長了解遊戲的內容、儲值的系統，就不會因為不安而流於高壓控制。**為了要制定親子都能接受的規則與罰則，家長必須擁有最低程度的知識。

此外，我希望家長可以花多一點的時間在自己身上。孩子的事當然很重要，但家長也要重視自己，保留一些讓自己享受的時間。要改變孩子的行動很難，但改變自己的行動只要有心就可以做到。如果您原本用十分力氣在孩子身上，不如減少成七分力氣。這樣一來，您面對孩子時的態度會變得比較和緩。當孩子發現您不再每天嘮叨，孩子也會很開心。開心的孩子也會比較容易覺得家長講的話有道理，進而覺得可以接受。

●只要當作是別人的孩子，就會看見自家孩子的優點

我有時候會建議家長「不妨將孩子當作是別人的孩子」。因為家長過於期待自己的孩子過得幸福，因此會戴上有色眼鏡。

試想，當您聽到其他家長說：「我家孩子一天到晚在玩遊戲」，您應該不會覺得這個孩子未來即將出現什麼危機，而且會說：「我看他都很積極參加社團活動呀！他每次跟我打招呼都很有精神，是個好孩子。」

這些應該都不是場面話，而是角度不一樣。儘管家長覺得「我家孩子一天到晚在玩遊戲」，但看在其他家長眼裡，孩子很可能是「努力參加社團活動又待人和善」。

再舉一個例子。比如說大家一起吃飯，當您提醒孩子：「不要把杯子

放在桌子邊緣，很危險！」結果孩子真的打翻了杯子，您是不是會責怪孩子：「你看！我不是跟你說了嗎？你自己擦！」但如果是孩子的朋友打翻杯子呢？您是不是會說：「還好嗎？有弄溼嗎？」並急忙去拿抹布呢？明明發生相同的情況，家長的態度卻完全不同。

家長總是對自己的孩子「愛之深、責之切」，但建議您偶爾可以將孩子當作是別人的孩子，或許您就能看到更多孩子的好——像是孩子的自主性、孩子想長大的心情、孩子對人的體貼等。在看待遊戲的問題時也是，

或許您就不會只是因為遊戲而感到焦慮、不安，同時也會發現遊戲對孩子來說充滿樂趣，而且是非常重要的溝通工具。

專欄 4

家長要了解讓孩子沉迷的線上遊戲有哪些特徵

線上遊戲很難讓人想退出就退出

提到家長這一代玩遊戲的經驗，大多是將家用遊戲機連接電視，而內容大多是戰鬥或角色扮演。這與讓孩子為之瘋狂的線上遊戲，有很大的差異。

線上遊戲可以透過網路接觸不特定多數玩家（在遊戲裡不會使用本名，而是使用暱稱），孩子可以與朋友組隊與其他人對戰，或透過語音和其他玩家對話。例如在大逃殺遊戲中，玩家們是無法隨意說退出就退出的。

家長可以觀察一下孩子熱衷的遊戲。或許家長會擔心孩子可能因透露個人資訊而遭遇危險，但另一方面，相信家長也會對遊戲的視覺效果、複雜結構與高完成度感到驚豔。

儲值是遊戲公司主要的收入來源

在家用遊戲機的時代，遊戲公司主要的收入來源是遊戲軟體的販售所得；到了線上遊戲的時代，則非如此。那麼遊戲公司如何賺錢呢？

如果是操作方式相對單純的拼圖

小遊戲等，遊戲公司主要的收入來源是在遊戲裡出現的廣告。而讓孩子為之瘋狂的線上遊戲，操作方式複雜許多，而且幾乎不會看見廣告。此外，線上遊戲大都可以免費取得、參加，但如果想獲得扭蛋（就像抽籤）機會、改變角色造型等額外的項目，就要付費——這就是所謂的「儲值」。

儲值除了可以透過信用卡購買，也可以透過在便利商店販售的預付卡或點數卡購買。如果使用後者，只要輸入序號就可以儲值。

遊戲會設計絕妙的金額與時間點，讓玩家想要儲值。如果只是強制禁止，有些孩子可能還是無法抵抗誘惑。

受孩子歡迎的線上遊戲

Apex英雄

這是一款大逃殺遊戲，玩家必須擊敗敵隊，努力成為唯一倖存者。遊戲時由三人組隊對戰，一個人的玩家可以選擇隨機配對或單槍匹馬，而每位英雄都有獨特技能。

要塞英雄

這是一款讓一百位玩家在一個小島上對戰的大逃殺遊戲，最後倖存的玩家獲勝。玩家可以一個人參與或與其他玩家組隊。

第五人格

玩家可選擇扮演監管者（追）或求生者（逃），一邊解謎一邊比賽。特色是充滿神祕感的故事、哥德式風格的視覺設計。

部落衝突：皇室戰爭

以卡牌對戰守護自己的國王塔、攻擊對方的皇家塔。對戰時間三分鐘，在時間內摧毀較多皇家塔的玩家獲勝。

5章

孩子在社群網路（SNS）上出事了！

聽說孩子和朋友們的群組出現一些惡劣的謠言，孩子因為朋友不相信自己而覺得很受傷……

我家孩子在國中一年級下學期快結束時，和同學爭搶足球隊的位置，之後對方在網路群組裡造謠說：某個隊員退出是因為被我家孩子霸凌。聽說那位同學還引發了其他許多糾紛，因此升上二年級後就退出球隊了。雖然最後大家對孩子的誤會解開了，但孩子有一段時間因為朋友不相信自己而覺得很受傷。

伊藤愛女士
孩子／國中二年級男生

家長何時該介入網路霸凌？

因為資訊傳播得非常快，手機霸凌可能會引發非常嚴重的問題。

是啊，雖然最後解決了，但我當時真的非常煩惱。

畢竟我們不確定什麼樣的問題可以稱為「嚴重」，**而且也會猶豫家長是否應該介入孩子之間的爭吵**。

而且也會擔心家長介入會不會讓問題越演越烈。

媒體也曾經報導像是自殺、傷害的案例。

其實以前也有這種欺負、霸凌的情況，但那時候大人都說：「小孩子吵架沒關係啦，我們不會管。」而且事情好像也會自然而然平息。不過**現在我自己成為家長，就會擔心如果不介入，事情會不會變得很嚴重**。

▼您想知道家長何時該介入，對嗎？

▼如果讓孩子自己處理，萬一孩子最後變得不願意去學校，那還得了！

▼你有聽說過「事故三角法則」嗎？

▼沒有，這是我第一次聽到。

▼據說每一次重大事故背後有二十九件輕微事故、三百件讓人覺得危險但還稱不上事故的情況。我認為媒體報導的霸凌，可以稱為重大事故。很多時候發生在我們身邊的，是「讓人覺得危險，但還稱不上事故的情況」。

▼那可以不用理會嗎？這種情況不會越演越烈，變成重大事故嗎？

▼我完全可以理解您有這樣的疑慮，因此我認為**家長應該在發生「輕微事故」時介入**。一開始先讓孩子處理，但當家長發現事情不太順利，「感覺會出事」就可以考慮是否要介入。

▼我不知道應該要怎麼判斷。

▼其實每個情況都不一樣，要視情況而定。如果家長和孩子說話時，覺得孩子「怪怪的」，就可以評估看看。

▼這樣就能夠察覺得到嗎？

▼我不敢說絕對，但如果家長平常就經常和孩子溝通，會比較容易感覺到孩子的異狀，**覺得「嗯？」感受到不對勁，此時就要注意了。**

▼感覺好難喔！

▼只要平常經常和孩子溝通，發現異狀的機率比想像中高喔！**話說回來，這是家長唯一能做的事，因為家長總不可能每天查看孩子的手機。**

▼雖然我真的很想看孩子的手機（笑）。

家長一旦偷看孩子的手機，孩子就會不信任家長。之後不論發生什麼事，孩子都不會讓家長介入。不過孩子同意讓家長看自己的手機，那又另當別論。

我不覺得我們孩子會同意，他應該會說：「你有病嗎？」

所以當家長發現孩子的異狀，千萬不要輕忽。這是解決問題的第一步。

網路霸凌的案例

■日本小學生會使用學校分配的平板電腦，而某位小學生因為同學在聊天室寫下「很煩」、「噁心」等訊息而自殺。

■孩子以半開玩笑的心情在社群網站上留下容易讓人遐想的照片，結果被不停轉發，就連真實姓名與就讀學校也曝光了。

■孩子在社群網站認識的女性（其實是由男性假扮）巧妙誘導下，傳送自己全裸的影片。

■某位國中女生在社群網站上認識某位男性並傾訴自己的煩惱，以思考解決辦法為由引誘見面後，男性將國中女生帶回家中。

如何透過閒聊引導孩子說出遭受霸凌的情況？

▼話說回來，就算家長發現孩子的異狀，孩子會願意說出來嗎？有些孩子可能會因為覺得丟臉而不想讓家長知道，或不想讓家長擔心。

▼應該有，所以我覺得閒聊很重要。

▼閒聊？

▼如果您發現孩子的異狀，應該會很擔心地問孩子：「發生了什麼事？」對嗎？

▼對，「發生了什麼事？你很煩惱嗎？」

▼有些孩子當下願意說：「其實是因為……」但有些孩子無法一下子就說出來。因此我建議家長一邊吃飯、一邊問孩子：「你們學校有發生網路霸凌的情況嗎？最近的年輕人都怎麼用手機溝通啊？」**不要直接問孩子：「你還好**

嗎？」而是以討論一般情況的角度引導孩子。

我覺得孩子一定會看穿我……。

這一點只能請您加油（笑）！不要單刀直入地問，但要創造讓孩子暢所欲言的環境，就算孩子只願意說一句話也好。

當孩子提到有些人會霸凌別人，就可以直接問孩子了嗎？

還不行，先盡可能輕描淡寫地回應：「是喔？現在有這種事喔？」創造可以隨時轉移話題的氛圍。**如果家長變得很嚴肅，孩子可能就不會再說下去。**

如果孩子沒精神，我覺得我會忍不住問孩子：「你和朋友發生了什麼事嗎？」

因為擔心，所以會忍不住直接問，但我希望家長盡量避免。為了確實掌握孩子的情況，最好是**透過閒聊引導孩子慢慢說出來**。

▼這感覺是很高深的技巧。

▼很多老師會說：「如果有不懂的地方，就來問老師」，但其實很少孩子能自己開口發問。因此當老師發現眼前的孩子可能不懂，就要主動引導孩子。可是如果老師直接問：「你是不是不懂？」大部分的孩子都會說：「我懂，沒問題」，因為孩子也有自尊。

▼您平常都如何引導孩子呢？

▼首先，我的表情不會很嚴肅。**我會一派輕鬆地問孩子：「還好嗎？」**孩子會在對話的過程中說：「這個地方我懂，但這個地方就……」最重要的是，平常和孩子就要有這種互動。

▼不是只有在發生事情時才問孩子？

▼沒錯，如果**平常就會問孩子：「還好嗎？」當孩子真的遇到困難，會比較容易說出來**。我不會干涉孩子，但會從平常就仔細觀察孩子、創造讓孩子容易

開口的氣氛。我覺得這是基本工作。

但是有些網路霸凌者很狡猾……。

這個問題真的很棘手，甚至可以說**沒有百分之百正確的因應方法**。不過大多時候還是有徵兆，希望大家掌握「怪怪的」徵兆，思考如何因應。

包括家長介入的時間點。

即使是微小的事故，也可能會演變成重大事件——**如果感覺到事態惡化，就不能置之不理**。建議家長做好心理準備，即使原本決定先讓孩子處理，只要情況不對就要立刻介入。

OK閒聊

親 回來啦，今天有蛋糕哦，你要吃嗎？

子 哇哦，看起來很好吃！

親 我剛才已經吃了，你也來吃吧。

子 哇~好享受。

親 吃甜食感覺就像在充電。

子 真的，變得有精神了。

親 所以遇到讓人煩惱的事，媽媽我就會大吃特吃。

子 其實我今天就很煩惱……。

NG詢問

親 回來啦，今天在學校還好嗎？

子 就那樣。

親 就那樣是哪樣？你跟朋友還好嗎？

子 還好。

親 我剛才在電視上看到網路霸凌的案件，你們班有嗎？

子 沒有啦。

親 有些孩子真的很恐怖，我好擔心喔。

子 就跟你說沒有啦，沒事。

有時候向學校反應會讓情況變得更糟糕

▼具體來說，家長介入應該採取哪些行動呢？和對方的家長聯絡，還是向學校反應？

▼這一點也要看每個個案的情況。

要視情況而定是最難的。

有一點無庸置疑，那就是**我們的首要任務是保護孩子**。保護孩子的心靈、安撫孩子的情緒，就這一點來說，我覺得就算請假、轉學都沒問題。至於是否需要做到這個程度？我認為只有家長可以判斷。

我可能會先和對方的家長聯絡，如果沒有改善，就會向導師反應。如果這樣還是不行，我就會讓孩子請假，觀察孩子的情況……

到了這個階段，家長已經對問題有所掌握了，我覺得**可以和孩子一起討論該如何處理**。

您的意思是，不要只由家長判斷比較好嗎？

有些孩子不喜歡聽到別人說自己「打小報告」，所以可能會希望家長不要向學校反應。

▼的確有可能，而且也不是每一位導師都很可靠。

▼當然這也要看老師是否值得信賴。雖然學校都會公告：「發現霸凌時，請向學校反應」，但事情的確有可能因為老師處理不好而變得更棘手。

面對霸凌，可以思考幾項因應措施。像是「先自己處理，如果覺得很難受就跟家長說」、「委請老師解決」、「直接與對方的家長見面」等，由親子一同討論、決定要採用哪一項措施。

▼所以這不只適用於網路霸凌，所有霸凌都可以這樣處理。

▼如果心裡只有一項因應措施，當遇到失敗，就會覺得無路可走。**然而我們的目的是為了讓孩子快快樂樂地去上學**，如果這條路行不通，換別條路就好。這與我們前面討論如何使用手機一樣，如果這項規則行不通，修改規則就好。

導師不可靠時，家長該怎麼辦？

我們家目前只是經歷「讓人覺得危險，但還稱不上事故的情況」，如果覺得會引發重大事故時，可以跳過學校，直接向教育局反應嗎？

您不信任學校嗎？

學校會不會只是聽一聽，但都不處理呢？

有時候可能會發生這種情況。不過我還是建議依照程序來，而不是直接向教育局反應。

程序？

先向導師反應，沒有改善就向學年主任反應。接著是教務主任、校長，**一層一層來，問題大多會在某個層級獲得妥善的處理。**

的確，如果直接向教育局反應，學校的態度可能也會比較強硬。

甚至有些老師或學校會為了保護自己，而否認有這樣的情況。如果一層一層來，到了教育局還是沒有獲得妥善的處理，可能只能訴諸媒體了。

什麼？需要訴諸媒體嗎？

因為無論是傳統媒體或網路媒體，一旦消息傳開，學校就一定要處理。不過如果走到那一步，表示問題真的非常嚴重。網路霸凌不勝枚舉，而一年可能只有數起需要訴諸媒體的案例。

像是孩子自殺或持刀傷人。

是的。請容我重複一次，**在事情惡化到這種程度前，只有家長可以掌握問題的徵兆**。掌握問題的徵兆後，引導孩子說出來並妥善因應。一開始可以交給孩子處理，但平常就要讓孩子知道，如果自己處理不來一定要跟家長說。

不要一味安慰自己「青春期的孩子就是不愛和家人講話」

▼無論如何，和孩子閒聊是很重要的事呢。

▼對，而且要從平時做起，才能在問題發生時察覺孩子的異狀。

▼可是青春期的孩子很少講話，也會嫌我們囉唆。

▼家長擔心孩子的青春期，其實是杞人憂天。孩子之所以很少講話。可能是因為平常家長就沒有和孩子閒聊。

▼不是因為青春期才變得很少講話嗎？

▼閒聊的前提是，雙方是對等的。比如說一般上班族不會和董事長閒聊，但是會和同事閒聊吧？和孩子閒聊時，不能採取上對下的態度。

▼可是家長和孩子的立場還是不同吧？

▼**立場不同是事實，但青春期的孩子不這麼想。**如果家長的態度是「來！向我報告一下，你最近的情況如何？」孩子絕對不想理睬家長。和孩子**閒聊不是命令或說教，而是討論天氣、食物等內容，**這些內容沒有上下之分。

▼因為看不慣許多事情，所以會忍不住想說教。

▼孩子有可能就是因為這樣而變得很少說話。只要每天和孩子閒聊一些無關痛癢的事，應該就可以感受到孩子的變化。**不只是學校發生的問題，包括社群網站上的熱門話題、孩子是否透過網路和可疑的人來往等，**這些內容都可以透過閒聊掌握。

▼當家長真的好辛苦！

▼我相信絕大多數的家長都可以做到，畢竟就連只是在補習班觀察孩子的我，稍微閒聊過後，也會有讓我感覺到「咦？」的事情，而察覺孩子的異狀。發自內心希望孩子幸福的家長一定更敏銳。

我突然有點想哭……聽您這麼說，之後不管發生什麼事，我想我都可以勇敢面對。

但我可不敢說這樣就一定可以發現孩子的異狀哦（笑）。

網路霸凌問題

結論

- 家長一旦覺得「怪怪的」就要多加留意孩子的變化。
- 不要直接詢問，假裝是在討論一般情況，引導孩子說出來。
- 平常就和孩子閒聊，比較容易發現孩子的求救訊號。
- 遇到問題時，可以思考幾項因應計畫。

總結

從日常生活中的「閒聊」留意網路造成的問題

當媒體報導網路霸凌等相關問題，像是——霸凌越演越烈，孩子甚至因此而自殺、孩子將自己的裸照傳給在網路上認識的人、孩子受騙而捲入犯罪案件等，家長都會非常吃驚：「千萬不能讓我家孩子遭遇這些事，我得未雨綢繆才行。」

事實上，孩子遭遇嚴重問題的機率不高。這次我透過部落格、社群網站進行問卷調查，在一百三十三名填寫問卷的人當中，曾遭遇網路霸凌、社群網站問題的人只有七名（5%），一名孩子因此而拒絕上學、其餘六名的問題最後都算是順利解決了。

然而的確有孩子捲入嚴重問題，而這一章的主題在於家長該如何處理。

雖然令人遺憾，但這個世界上就是有壞心的人、邪惡的人。因此家長

買手機給孩子時，必須明確讓孩子知道有可能會遇到這些問題。此外，家長一定要提醒孩子「當著對方的面不會說出的話，也不應該在網路上留言」、「網路上有些人會偽裝自己的身分」、「不要輕易在網路上暴露自己的隱私」等使用網路的基本素養。或許孩子也能判斷哪些資訊「要小心」，但讓孩子知道家長的擔憂也很重要。

發生問題時，最重要的是「察覺」，接著是「迅速而適當地處理」。雖然沒有那麼簡單，但為了保護孩子的人生，家長有必要這麼做。

● 藉由媒體報導，引導孩子說出自己的情況

解決問題的第一步，是盡可能及早發現問題。當家長覺得「怪怪的」就要多加留意。同時，家長平時就要和孩子溝通，而我最推薦的方式就是以對等的關係閒聊。

「寫完功課了嗎？你要玩遊戲玩到什麼時候？趕快去洗澡！」這些話都採取上對下的態度。當然家長有時候還是需要這麼做，但建議日常對話盡量以對等的關係進行，像是討論食物、天氣、電視節目等。**只要家長頻繁與孩子對話，就會比較容易察覺孩子的異狀**。

總結

當家長覺得「怪怪的」、「不太對勁」，就要引導孩子說出來。有些孩子很快就能開誠布公，有些孩子可能會因為家長直接詢問而閉口不談。此時，建議家長假裝是在討論「一般情況」，而不是「孩子的事」，像是「聽說最近有這樣的事，你們班有比較壞的同學嗎？」等，一步一步詢問孩子。

家長千萬不要因為擔心而偷看孩子的手機。畢竟偷看孩子的手機時，如果發現一些奇怪的對話，家長一定會忍不住詢問孩子。這樣一來，就會被孩子發現家長偷看自己的手機，而孩子就再也不會信任家長。或許買手機給孩子時，可以考慮規定「平常我絕對不會看你的手機，但為了以防萬一，你不能上鎖」，當然規定時一定要和孩子討論。

● 除了家長的判斷，也要尊重孩子的心情

家長掌握問題的來龍去脈後，就要設法處理。處理方式可以依照問題來決定，像是先讓孩子自己處理、由家長介入、直接和對方見面、向學校或警方反應等。建議家長與孩子一起討論該如何處理，畢竟孩子才是當事者。如果事情發生在學校，或許有些孩子會希望不要讓老師知道。由於

孩子才是在那個環境留意四周、努力生存的人，家長不應該忽視孩子的心情。處理時必須保持彈性，思考幾項因應措施，如果不順利就更換措施。

發生嚴重問題時，最重要的是保護孩子。為了撫慰孩子受傷的心靈，不是只有戰鬥的選項，逃離戰場也是選項之一，就算請假、轉學都沒問題。當家長判斷不能坐視不管，我希望家長全力保護孩子。每個孩子的耐受度不同，同樣的問題發生在不同孩子身上，孩子的反應可能相差甚遠。唯有深愛孩子的家長，才能妥善掌握並及時因應。

專欄5

孩子透過社群網站與外面的世界產生連結，哪些情況需要留意？

網路上引發霸凌、犯罪的問題有增加的趨勢

網路霸凌與犯罪大多是以社群網站為媒介，像是在群組裡說其他人的壞話、透過私訊（個人訊息）與陌生人交談等，都有可能成為問題的事端。

尤其是經過疫情，孩子接觸手機、平板電腦的時間增加，問題也增加了。根據日本東京都的調查，在手機相關問題中，家長認為日漸增加的問題如左下圖表所示。包括長時間使用、儲值、因電子郵件或社群網站引發的人際問題、個人資訊外流、涉及誹謗或侮辱的留言等，可能引發霸凌犯罪的問題有增加的趨勢。雖然目前為數不多，但也有人回答曾遇到與網友見面、收到或傳送不雅或裸露的照片或影片等情況。

逾半家長會設定內容過濾功能但是……

根據上述調查，在「孩子是否曾透過社群網站與陌生人交談」這一題，家長回答「有」的小學生高年級占16.5%、國中生占17.8%、高中生占19%，三者的數字很接近。不過這只

是家長有掌握的部分，隨著孩子年齡增加，回答「不清楚」的家長也越來越多。高中生家長回答「不清楚」的比例占41%。此外，逾50%中小學生家長、35%高中生家長會設定內容過濾功能，但就像第三章提到的，會有孩子運用技巧破解家長設定的密碼。這樣看來，家長實在防不勝防。因此我認為平常就和孩子溝通、留意細微的變化，比較能預防問題發生。

值得順帶一提的是，上述調查也詢問了小學生常用的社群網站與通訊軟體，結果絕大多數都是Line（70%）。可能是因為其他社群網站（包括X、TikTok、Instagram、Facebook等）都有滿十三歲才能使用的限制（但還是有約10%小學生使用，表示這項限制也有漏洞可以鑽），可以看出Line成為孩子非常重要的溝通工具。

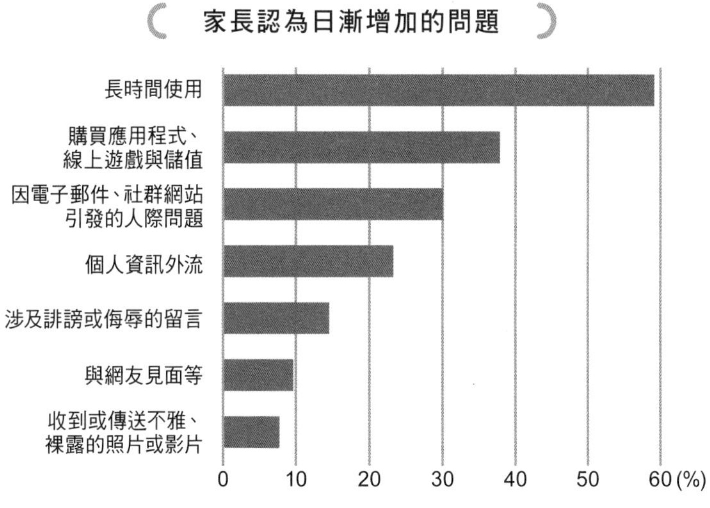

青少年使用手機相關調查（2021年4月發表　東京都民安全推進本部）
調查對象：居住在東京都，家中小學生～高中生擁有手機的家長2000名

6章

因為使用手機而讓成績進步！

像騙人般的真實案例

每年暑假作業都很折磨人，而用手機協助的作品大受好評

每年暑假，孩子都得做自主學習計畫，並在開學後報告。我買手機給孩子的那個暑假，孩子以「氣候變遷」為主題，用手機搜尋了許多內容，因此報告大受好評。包括全球氣象的現況、各國採取的行動等，孩子還搜尋了論文的書寫方式以及其他國中生的研究。雖然學校會教氣候變遷，但孩子使用手機讓自己擁有的知識更多、更廣了。和國中時代的我相比，現在的孩子很擅長收集資訊，讓我非常佩服。

山本惠美女士
孩子／國中二年級女生

從小學一年級開始使用手機，到小學六年級時就能解說時事

我家孩子從小學一年級就有自己的手機。孩子因為看了戰鬥機的影片，透過相關網站記住世界各國的國旗，甚至可以自己解說釣魚臺、獨島的主權爭議。每逢選舉，孩子都會自己思考要支持哪一位候選人，並收看政治評論。就讀國中的姊姊段考時會有時事題，孩子甚至可以給姊姊意見。雖然我覺得網路資訊不能囫圇吞棗，但的確是一項很好的工具，可以讓自己深入研究有興趣的領域。

佐佐木美穗女士
孩子／小學六年級男生

享受動畫與遊戲讓成績進步了，手機真的十惡不赦嗎？

當我發現孩子解除內容過濾功能，暢遊遊戲、動畫世界後，我告訴孩子：「如果下次段考成績退步，我就要沒收你的手機。」我原本想說段考後，我一定可以沒收孩子的手機，沒想到孩子的成績竟然進步了。仔細想想，孩子並沒有因此而不寫作業，也沒有霸凌等問題。我發現，手機沒有影響我們的親子關係，也沒有引發任何麻煩。

清水陽子女士
孩子／國中二年級男生

深度探索自己感興趣的世界，不用補習也能名列前茅

孩子喜歡史萊姆，在影片網站開設自己的頻道，上傳製作史萊姆與評論商品的影片。為了吸引更多人觀賞影片，孩子自然而然習得了企劃與編輯的技巧。雖然孩子不太喜歡去學校，也沒有去補習，但成績很好。或許是因為孩子在家可以全心投入自己的興趣，所以也不會覺得去學校很辛苦。

小野明美女士
孩子／小學五年級女生

總結

原本需要花費三小時學習的內容使用手機一小時就能完成

很久以前，歐洲剛出現繪本時，有許多人擔心：「讓孩子看這種東西，孩子會變得不識字、頭腦也會變差。」也就是說，現在大家在教育孩子時不可或缺的繪本，在當時被認為不應該讓孩子接觸。

現在家長對手機感到恐懼，也是類似的情況。家長不斷聽說孩子有了手機就會不讀書、遊戲對大腦會有不好的影響、手機會打亂生活作息、網路霸凌會讓孩子不願意上學等負面資訊，難免會擔心。

然而，手機也是一項很好的工具，能讓孩子看見寬廣的世界、讓知識加深加廣，並學習如何與人相處，不少人認為有手機是一件好事。或許家長這一代還無法這麼認為，但我想可以先扭轉這個觀念。

以學習為例。學習時遇到問題，大家會怎麼做呢？以前的人應該會查參考書或字典，但書的容量有限，很可能手邊的書都無法解決自己的疑惑。此時就要去圖書館、去問老師，得花許多時間。甚至可能有些人會因為覺得麻煩而放棄。而現在的人只要上網搜尋，就可以獲得答案，節省非常多的時間。

過去需要花費三小時學習的內容，現在只需要一小時就能達到相同程度。多出來的兩小時，就可以用在讓知識加深加廣。就算拿這兩小時去玩遊戲，成績也不會退步。

●為了享受手機帶來的便利性，必須做好的事

尤其是升上高中，以手機節省時間的威力更顯強大。高中生面對大量的學習與調查，比起翻參考書等書籍，使用手機可以幫助自己更有效率地讀書。在我經常造訪的咖啡廳，會看見許多知名學校的高中生，他們都是人手一機。原本我以為他們都在玩遊戲，但其實不然。他們會一邊搜尋、一邊和朋友討論各種主題，也會使用翻譯功能練習英文翻譯。由於能更有效率地讀書，感覺他們可以利用多餘的時間發掘更多事物，讓自己的知識加深加廣。

當然花時間在書海中仔細鑽研、探索，會有不同的收穫。然而數位世

界有數位世界的好，並沒有比較差。畢竟現在的孩子都是數位世代，我認為家長有必要這樣看待。

另一方面，就連大人在使用手機時也很難自制，不少孩子的確會因為使用手機而受影響。**為了享受手機帶來的便利，我們有必要規定如何使用手機**。本書提供了五花八門的訣竅，都是為此而生。

我認為家長能做的只有——事前規定，讓孩子安全、開心地使用手機，並適時調整規則。發生問題時不要驚慌失措，尋找最適合的解決方式。

●調查全世界的雙胞胎後發現，家長說教一點用也沒有

在這裡向大家介紹一個有趣的數據。在行為遺傳學中，雙胞胎研究是很重要的研究方法——雙胞胎擁有相同的基因，如果在不同的環境裡成長，會出現哪些差異？包括攻擊性、酒精依賴傾向、憂鬱傾向、自尊心等，許多研究主題採用此研究方法。約八年前，有份數據收集、整合並分析了全世界逾兩千份雙胞胎研究報告，等於是針對一千四百萬組雙胞胎進行調查，其中有些研究甚至持續了近五十年的時間。

比如說，有份雙胞胎研究報告以「上進心」為主題——分析擁有相同基因的雙胞胎是否會因成長環境不同，而成為「有上進心」、「沒有上進心」的孩子，或出現其他差異。

結果發現，是否有上進心約有五成取決於基因，也就是天生的。換言之，即使沒有「上進心」的基因，也可以透過環境來增加約五成上進心。而所謂環境，是指外部環境。家長再怎麼碎碎念，都無法激發孩子的上進心；但如果孩子接收到「因為不想輸給同學」等外部刺激，就會比較有上進心。學齡前不了解外面的世界，因此家庭環境很重要。然而一旦孩子開始上學，外部影響就會與日俱增，而家長的影響力會降到最低。

不過如果家長出現虐待等負面行為，家庭影響力就會增加許多。也就是說，只要家長沒有虐待孩子、讓孩子留下心理陰影，家長其實沒有太大的影響力。

如果你希望孩子用功讀書，就讓孩子保持心情愉快

既然家長沒有太大的影響力，何不經營平靜、良好的親子關係？是不是因為太害怕手機造成的影響，而只注意到孩子不成熟的地方呢？

總結

我長年在補習班教書，每次上課前一定會指出孩子的優點：「你的口才很好，一定要好好發揮。」

上課前讓孩子心情愉快，孩子上課就會非常專注，甚至有家長因為驚訝而專程來跟我說：「孩子最近變得自動自發！」**就我在教育界閱「孩」無數的經驗來說——如果學習一開始是為了改善缺點，孩子很難進步；但如果是為了發揮優點，孩子反而會自己改善缺點。因此指出孩子的優點非常重要！**

如果家長的態度是，希望孩子就算有了手機也要一直讀書、盡量不要玩遊戲，只會造成反效果。既然如此，倒不如事前規定，讓孩子在限定範圍內盡情享受。這樣一來，就算家長不督促孩子讀書，孩子也會自動自發。因為孩子原本就知道應該要讀書，只是聽見家長說：「去讀書！」而心生抗拒而已。

其實有些家長知道手機也有好處，像是有孩子透過影片了解遊戲儲值的危機與複雜的人際關係、有孩子因為想自己製作影片而變得比較積極、有孩子在疫情期間，因為可以透過網路與朋友聯絡而不會心浮氣躁等。現在的孩子一定會需要使用手機，只是早晚的問題。希望大家不要只看不好的一面，也看看好的一面，引導孩子聰明使用手機。

最後，我想聊一聊對孩子來說很重要的事。

那就是「數位與類比的融合」。現在的孩子接觸到的世界以「數位」爲主。尤其是學齡前的孩子，一出生就看著大人滑手機，可以說是「數位世代」。

我和現在的小學生聊天，有一個非常深刻的感受——現在的小學生和三十年前的小學生，感知與觀念都明顯不同。我猜測是因爲現在的孩子接觸的是數位世界，而家長這一代在小時候接觸的是類比世界，兩者的感知與觀念眞的很不同。

當然，這並沒有好壞，就只是不同而已。然而如果家長沒有意識到這件事，以爲孩子與自己的感知與觀念相同，就很有可能引發問題。

其實每個人原本就擁有獨一無二的個性與價值觀，更何況是類比世代與數位世代，兩者居住的世界有很大的差異。

然而再怎麼不同，人類還是有共通點。**大家都想做開心的事、不想做無聊的事，**

這就是「人心」。此外，人類會「信任肯定自己的人」。這樣的「人心」無法像數位訊號一樣轉成數字，只能靠人類自己感受。

現在AI越來越進步，許多事物都會以數位方式處理。我認爲人們是否能創造豐盛而幸福的人生，取決於是否重視「內心」。爲此，我認爲重視情感與情緒的生活會越來越重要。

本書撰寫角度爲——對孩子使用手機有許多疑問與煩惱的家長，應該如何解決。而我認爲最重要的是，無論什麼規則，都要尊重孩子的意見、透過對話與孩子交換想法，進而創造親子之間的信任關係。這樣一來，孩子就會慢慢地學習自己思考、行動。

相信大家看到這裡都能明白，關於手機與遊戲的規則，不能由家長單方面決定。由家長單方面決定的規則，常常不符合人性，既枯燥又無趣，孩子一定很快就無法遵守。**規定最重要的部分在於「決定過程」。**

數位無法停止進化，相信世界也會持續改變。當現在的孩子成爲家長，這世界會變得如何？這個問題沒有辦法簡單回答，但**數位思維想必會持續發展。儘管如此，我認爲接下來的時代反而會開始追求人性，也就是「心」。**

希望大家能透過手機與遊戲，和孩子討論彼此的價值觀。這樣一來，相信大家都能迎接明亮令人興奮的未來。

石田勝紀

國家圖書館出版品預行編目資料

親子手機 5大問題Q&A：如何訂定手機使用規則／石田勝紀文;賴庭筠譯.
-- 初版. － 臺北市：幼獅文化事業股份有限公司, 2025.03
面； 公分. -- (工具書館；21)
譯自：子どものスマホ問題はルール決めで解決します
ISBN 978-986-449-358-6(平裝)
1.CST: 家庭教育 2.CST: 行動電話

528.2　　113019497

・工具書館021・

親子手機 5大問題Q&A：
如何訂定手機使用規則

作　者＝石田勝紀
譯　者＝賴庭筠
出 版 者＝幼獅文化事業股份有限公司
發 行 人＝葛永光
總 經 理＝洪明輝
總 編 輯＝楊惠晴
主　編＝沈怡汝
編　輯＝陳宥融
美術編輯＝李祥銘
總 公 司＝(10045)臺北市重慶南路1段66-1號3樓
電　話＝(02)2311-2832
傳　真＝(02)2311-5368
郵政劃撥＝00033368

印　刷＝崇寶彩藝印刷股份有限公司
定　價＝430元
港　幣＝144元
初　版＝2025.03
書　號＝954225

幼獅樂讀網
http://www.youth.com.tw
幼獅蝦皮商城
http://shopee.tw/youthcultural
e-mail:customer@youth.com.tw

行政院新聞局核准登記證局版臺業字第0143號